古籍原来这么好看 2

竹书纪年

洛阳伽蓝记

随园食单

四民月令

熊建 著

人民日报出版社
·北京·

序

古籍"难读"怎么破？

这年头，读完一本书可难了，更别说比较严肃的古籍，或者说"难读"的古籍。

就像我书架上那两大本《四库全书总目提要》，大概是20年前买的。旁边还有两大本余嘉锡的《四库提要辨证》，也是同时期买的。当时认为，这两部大块头交叉着看，收获会更大。

殊不知，有一种冷，叫妈妈觉得我冷；有一种书，叫我觉得我会看的书。

这四大本书在书架上历经了20个寒暑，却很少得到我的青睐，妥妥地成了家里的装饰。爱看书的客人来了会啧啧称赞。但这背后的潜台词八成是：他能看完吗？就是买来装门面的吧？

确实没看完。不光这两套书，我还有几大本《碑传集》，还有可以当枕头的《史记》《资治通鉴》，都买了好多年，也从未看完，有的只看过几页而已。

为啥呢？太难读了。要看这样的书，得凝神聚气，得不停思考，太累。而手边就有手机，上上网，聊聊天，看看视频,听听音乐,不比啃这些大部头轻松?

而且读古籍,无须看原始文本,有更轻松的"平替"。比如,看《战国策》,哪有看《芈月传》过瘾?读《明史》,哪有读《明朝那些事儿》好玩?

久而久之,我们逐渐被轻松阅读所征服,与"攻读""苦读"这类词儿渐行渐远。我们越来越爱选择这样的阅读方式:"一张图读懂……""干货都在这儿……""三句话说清……"我们越来越不想去了解事实,不想费事,不想去探骊得珠,而是寄希望于投喂——别人把馒头嚼过一遍再喂给我们。

读古籍,应该对自己狠一点儿。多读些难读的古籍,这对于提高自身有切实的帮助,就好像学武术,压腿很疼,想逃避疼痛,那就学不好武术;就好像吃饭,薯条汉堡是可口,但没营养。

当然,难读的古籍不一定就是好书,而好书也不一定就难读。不过,读大部分有深度的古籍,需要下一番功夫。就好比女神,是不会投怀送抱的,需要你去苦苦追求,只有使出九牛二虎之力,经受百般挫折,才有望抱得美人归。

如果不明白这道理,那就会纳闷:毛主席那么忙,是怎么把《资治通鉴》读到17遍的?

是不是因为有太多妨碍读书的因素?

一方面,我们的注意力被牵扯得太分散了。今天的社会,喧嚣、热闹，舆论场中的热点一件接一件。这边，某国政坛又地震啦；那边，谁谁谁又开演唱会啦。白天，这个公司发布可穿戴设备了，得买来尝尝鲜儿；晚上，那家平台搞劲爆直播，赶紧点开看看。

另一方面，我们经常受到"读古籍有用没用"一类带有价值判断性质的阻扰。其实，提这种问题的人，心里头往往已经预设答案了。一本古籍，在他们看来，如果不能通向黄金屋、颜如玉或千钟粟，那么就是没有用的，不值一读，遑论通读、深读、再读？

这就好像身处大海，一排浪接一排浪涌来，打得人头晕眼花，不辨东西。这时，就感觉特别需要一根锚，能把自己钉牢在某一个位置，任他雨打风吹，我自岿然不动。

古籍可以是这根锚。

读、重读、反复读，那些可以在思想的时空把自己钉牢在某个位置的古籍，或有助于理解事物，在大脑中形成自己的意义框架，避免人云亦云；或有助于通晓社会和历史，弄清其背后的细节、逻辑，不再轻易惶惑。

至于哪些古籍能把自己"钉牢"，值得一读、再读、反复读，除了公认的经典之外，恐怕还需要自己在茫茫书海中摸爬滚打一番，细细体悟，方能找到"真爱"。在这个过程中，希望《古籍原来这么好看》系列图书能起到一些积极的作用。

兴趣是最好的引导，而能引起阅读兴趣的解题式目录，是为古籍阅读者提供的钥匙。本系列图书希望能达到激发读者阅读古籍兴趣的效果，实现"古籍广告"的作用。

需要强调的是，读目录不等于读古籍。本书和其他通俗类、白话类古籍读物一样，对读者来说，好像是压缩饼干，在一定程度上，能帮助读者快速便捷地直达问题的核心，解决最迫切的问题，但是舍弃了原书缜密的论证、博引的事例、特色的修辞，好比把牛肉风干了再吃，味道、营养总会流失不少。

本系列图书希望能成为桥梁、渡船，帮读者实现从远观到直接阅读古籍元典的跨越。梯子是上房的工具，要想看到屋顶的漫天星光，不能只趴在梯子上。对于古籍，很多人可能觉得高山仰止、难以接近。这是一种小马过河式的担心，不自己试试，怎么知道不能蹚过那条河？还是试试吧，万一能看完呢？自己翻越的高山，自己渡过的激流，自己看到的风景，都将成为自己身心有机的组成部分，成为一辈子跟随的体验和财富，别人拿不走，自己甩不掉，多好。

本次介绍的40多部古籍，不再采取经史子集的传统分类法，而是大体按照写作、成书时间的先后顺序进行编排。这些古籍当然不能代表各自朝代的整体风貌和学术主流，但要说不值一读，也不客观。抛开笔者的阅读趣味和狭窄的阅读范围不谈，它们在各自领域或是留下了重要的史料，或是提出了深刻的认识，或是提供了当时的"新知"，或是表现了真挚的情感，总归还是具有相当的文献资料意义、思想文化价值的，并且具有历史穿透性，对今天的读者仍有一定的阅读价值和启发性。

至于有些古籍的成书年代不好判断或有争议时，就参照学界相对一致的看法、思想内容的大致来源加以主观安排了。比如，今天我们看到的《列子》一书，虽然刘向、刘歆父子整理皇家藏书时见过先秦时期的《列子》，但原书毕竟已散佚，一般认为传世本是魏晋时期人伪造的，于是就把《列子》放在魏晋时期。

是为序。

目录

序——古籍"难读"怎么破?

先秦

《竹书纪年》
揭开历史的另一面　　　　　　　　|002

《国语》
三寸舌强于百万师　　　　　　　　|009

《管子》
雕花鸡蛋价更高　　　　　　　　　|014

《六韬》
中国兵书何以指导朝日战争　　　　|019

《吕氏春秋》
千金不能易一字　　　　　　　　　|025

汉代

《淮南子》
汉人著述第一流　　　　　　　　　|032

《盐铁论》
一场两千年前的辩论　　　　　　　　| 037

《四民月令》
我在汉代当地主　　　　　　　　　　| 042

《潜夫论》
徒见二千石，不如一缝掖　　　　　　| 049

魏晋

《列子》
杞人忧天之后发生了什么？　　　　　| 056

《搜神记》
写的是鬼神，讲的是人伦　　　　　　| 061

《肘后备急方》
古代急救手册，今天还在救人　　　　| 066

北朝

《水经注》
宇宙未有之奇书 | 074

《洛阳伽蓝记》
解开寺院背后的兴衰密码 | 079

《齐民要术》
贾思勰堪称"农业科技特派员" | 084

《颜氏家训》
古代家长养娃攻略 | 089

南朝

《文心雕龙》
神思妙想都在吟咏之间 | 096

《诗品》
好诗歌该是什么样？ | 101

《玉台新咏》
是靡靡之音，还是国风正宗？ | 106

唐代

《大唐西域记》
昨日的跋涉，今天的信史 | 114

《贞观政要》
"贞观之治"是这么来的 | 121

《河岳英灵集》
盛唐诗人哪家强？ | 126

《茶经》
人在草木中，焉能不知茶 | 131

《通典》
我为国家解痛点 | 136

《酉阳杂俎》
灰姑娘是中国人吗? |142

《李卫公问对》
听"托塔李天王"讲打仗的门道 |147

宋代

《梦溪笔谈》
古代理工男的笔记 |154

《东京梦华录》
北宋故都游览指南 |158

《通志》
集天下之书为一书 |163

《洗冤集录》
"名侦探"宋慈的办案指南 |169

《文献通考》
遗民成就三通压轴之作 |174

元代

《唐才子传》
读唐诗不可错过的一本书　　　　　　　| 182

《南村辍耕录》
叶子之上写春秋　　　　　　　　　　　| 188

明代

《本草纲目》
集本草之大成，实中华之重宝　　　　　| 196

《四部正讹》
伪书现形记　　　　　　　　　　　　　| 201

《天工开物》
我为农工鼓与呼　　　　　　　　　　　| 206

《徐霞客游记》
一生写一书，一书写一生　　　　　　　| 213

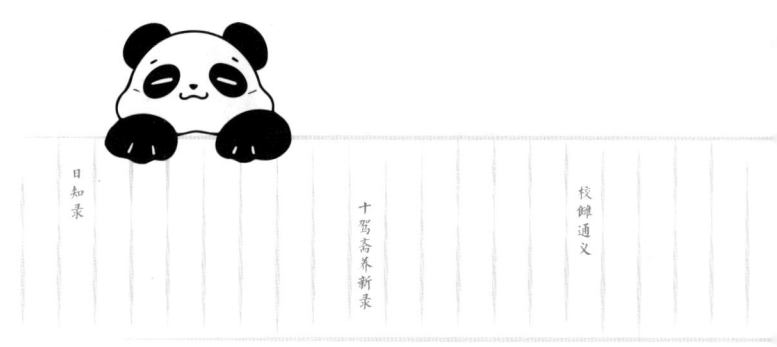

清代

《日知录》
清代考据学的开山之作 | 220

《十驾斋养新录》
钱大昕会如何解释"豆逼"？ | 225

《校雠通义》
令群书各就各位 | 230

《随园食单》
古人干饭指南 | 235

《浮生六记》
平平淡淡才是真 | 240

近代

《三十六计》
"地摊文学"竟成了"国学经典" | 248

跋　为阅读古籍架起兴趣之桥 | 253

后　记 | 259

竹书纪年

国语

先秦

六韜

呂氏春秋

管子

《竹书纪年》
揭开历史的另一面

　　《竹书纪年》是中国先秦时期的史籍，其流传过程可谓传奇：在战国后期编纂成书后，因陪葬地下而不见天日，却也在阴差阳错间避开了秦火；数百年后，在一个偶然的机会下重现人间，小露峥嵘后再次佚失；到了明清之后，又以两种面貌在社会上传播至今。就这么沉沉浮浮几千年的《竹书纪年》，到底是一部什么样的书呢？它到底有什么样的价值？

禅让真相

　　尧把王位传给舜的禅让故事，流传上千年了，到底有没有这回事？

　　我们先看看司马迁怎么说的。《史记·五帝本纪》记载：尧的儿子丹朱不成器，不足以担当天下的首领，于是，尧把权力交给舜，看舜把天下治理得很好，就让舜来治理天下。尧死了之后，舜把王位还给丹朱，自己躲到南河的南岸了。但是，来中央朝觐的诸侯不找丹朱而找舜，打官司的人不找丹朱去找舜，歌功颂德的人不去讴歌丹朱而去讴歌舜。舜说，天意难违啊，这才回到都城登上天子位,成为舜帝。

按此记述,整个权力交接过程充满和平、愉快的气氛,一切都顺理成章,没啥争执,舜登帝位真是四海归心,众望所归。

《史记》虽以信史著称,但也不可尽信。尧舜禹禅让的故事,到底是不是真实的历史?《史记》提供的只是一种可能。只不过千百年下来,儒生们都推崇信奉这个说法,并将其推为不容置疑的正统说教。

但是,翻看《竹书纪年》这部古书,其中的记载就没有这么温情脉脉了:尧统治末期,德业衰败。舜瞅准时机,把尧囚禁在平阳这个地方,并把丹朱隔离、流放,不让他们父子相见,自己取得帝位。

这种颠覆式的记载,还出现在大禹传位这件事上。

《史记·夏本纪》是这么说的:大禹临死之际,把天下禅让给益。益不接受,把帝位让给大禹的儿子启,自己躲到箕山的南边去了。启很贤明,天下人都服他。虽然大禹希望益接班,但益辅佐大禹的时间不长,天下人不怎么喜欢他。因此,诸侯都来朝觐启而不搭理益,还说我们以大禹的儿子为君主。于是,启即位成为天子,这就是夏朝开国之君启。

又是一派祥和的谦让氛围,又是一个民意天意两难违的场景,可《竹书纪年》又唱反调了,关于大禹之后的王位继承问题,说得直截了当、简单粗暴:益想争夺王位,启杀了他。

此外，与之相似的差异，还体现在太甲是否杀伊尹、文丁是否杀季历、郑桓公是周厉王之子还是周宣王之子等问题上。《竹书纪年》的记载，简直就像是专门和以《史记》为代表的主流叙事唱对台戏一样。

那么，究竟哪一部书更合乎常理呢？哪一部更符合政治斗争的逻辑和实际呢？相关辨析姑且不论，单说揭示了历史另一面的《竹书纪年》这部书，真可谓横空出世、命运多舛、史料珍贵、终得善果。

盗墓遗珠

先说来历。

要不是盗墓贼的"作案"，《竹书纪年》也许本来不会面世。那是在晋武帝咸宁五年（279年），汲郡汲县（今河南卫辉）的一座战国时期魏国的墓被盗。盗墓贼拿走了值钱的物件，留下了一批沉睡了500多年的竹简——用素丝编联成册，每简40字，用黑漆书写。年深月久，编丝朽断，加上盗墓者不仅打乱了简册的次序，还拿竹简当火把照明，结果"多烬简断札，文既残缺，不复诠次"。

这批竹书，据说整整装了几十车。晋武帝对此很重视，将之

"藏于秘府"。太康二年（281年），西晋王朝组织力量，开始整理这批竹书。先后参加编辑校勘工作的有荀勖、和峤、挚虞、卫恒、束皙等学者，都是当时的顶尖人才。即便如此，也花了差不多20年才整理完，共得古书16种，包括《易经》《穆天子传》《周书》《国语》等书，10多万字。其中有一部先秦时期的纪年体史书，从夏商周三代之事，记载到大概战国的魏襄王二十年，即公元前299年。显然，这是魏国编纂的史书，整理者名之曰《纪年》，后人称之为《竹书纪年》。

这部古史的重见天日，立刻引起了明眼人的关注。"学者型将军"杜预就发现书中许多史事可与《左传》相印证，在《春秋左传后序》中表彰此书，认为"虽不皆与《史记》《尚书》同，然参而求之，可以端正学者"。

古今之别

必须注意的是，《竹书纪年》有"古本""今本"之分。这是怎么回事呢？

原来，由于《竹书纪年》中有相当一部分内容与传统说法，尤其是儒家话语差距很大，这就使它遭到主流学界的排斥，唐以后逐渐不为世人所重视，到宋代只剩了几卷残本。到了宋末元初，连残本也全部亡佚了。

可是明代又出现了一种《竹书纪年》，系抄录散见于类书、古注中的《竹书纪年》佚文，又杂凑某些古书中的内容而成，并把《宋书·符瑞志》拿来当作注解，还冒称是南朝学者沈约所注。这种明清以来通行的本子，显然不是汲冢出土时的本来面目，被称为"今本竹书纪年"。

为恢复《竹书纪年》原貌，清代以朱右曾为代表的一批学者做了大量辑佚工作，从南北朝到北宋时期的一些古书注解（比如《山海经》郭璞注、《史记》三家注、《水经》郦道元注、《汉书》颜师古注、《文选》六臣注等）中，以及《初学记》《北堂书钞》《艺文类聚》《太平御览》等类书中，钩沉出大量《竹书纪年》的引文，汇录编校成书，称为《古本竹书纪年》。

具有珍贵的史料价值的，是"古本竹书纪年"，其首要价值在于提供了历史的另一种面貌。怎么说呢？春秋战国时，各国本来都有自己的史书，如《孟子·离娄下》提到的——"晋之《乘》，楚之《梼杌》，鲁之《春秋》"等。但秦始皇统一中国后，焚毁天下诗书，各国史书首当其冲。到汉初，除孔子编修的《春秋》外，其他国家的史书差不多都亡佚了。《竹书纪年》作为战国时魏国的编年史重现于世，自然是极为珍贵的，给学界提供了新的材料。

《竹书纪年》整理本刚问世，西晋史家司马彪即据以驳正了三国时期谯周《古史考》中的可疑记载。近百年来的学者尤其重视利用《竹书纪年》的材料来补充史书记载的缺漏，或订正某些记载的讹误，可以说，其在古史研究、考证方面发挥了巨大的作用。

比如，公元前841年以前西周诸王在位之年难以确定，而《古本竹书纪年》有这么一句话："懿王元年，天再旦于郑。"所谓"再旦"，是日全食过去后的复明。在某一地区见到日全食十分难得，往往上百年甚至更长的时间才能遇到一次。利用现代天文学的知识，完全可以推算出历史上某一地区见到日全食的确切时间，可以精确到年、月、日、时。学者董作宾、陈梦家等就依据这一线索，算出了周懿王元年的绝对年代，在重建西周年历方面前进了一大步。

小贴士

为求还原这部古籍的原貌,历代学者接力整理。先是清代学者朱右曾搜集佚文编成《汲冢纪年存真》一书。接着,国学大师王国维在《汲冢纪年存真》的基础上,补充和订正成了《古本竹书纪年辑校》。到了现代,范祥雍又对《古本竹书纪年辑校》加以校订增补,编为《古本竹书纪年辑校订补》,订正王氏书中的误字脱文、引书不全和讹误等错误,于原文不明之处予以补充和解释,另依《竹书纪年》所载编制《战国年表》,以便读用。李民、杨择令、孙顺霖、史道祥的《古本竹书纪年译注》融音韵、训诂、历史研究为一体,注重吸收学术界研究动态成果,坚持学术性的同时兼顾通俗性,追求深入浅出、雅俗共赏,解释文意也浅显易懂。

《国语》
三寸舌强于百万师

什么算国宝?

春秋时期,楚国大夫王孙圉到晋国访问。晋定公设宴招待,晋国权臣赵简子佩戴着叮咚作响的玉饰担任宴会主持人,显摆自己的宝物,并问起楚国名玉白珩还在不在。

面对这等肤浅做派,王孙圉先是指出白珩"未尝为宝",接着陈述"楚之所宝者"乃是观射父、左史倚相这些人才以及"所以备赋,用以戒不虞者也"的物产,并不屑地说:"若夫白珩,先王之玩也,何宝之焉?"白珩这东西,不过是玩物罢了,怎么能是国宝呢?

这还没完,他又连用六组排比句:"明王圣人能制议百物,以辅相国家,则宝之;玉足以庇荫嘉谷,使无水旱之灾,则宝之;龟足以宪臧否,则宝之;珠足以御火灾,则宝之;金足以御兵乱,则宝之;山林薮泽足以备财用,则宝之。"理直气盛地陈述楚国以人才为宝、以利于国家的物产为宝的思想。

最后,王孙圉又"补刀"一句:"若夫哗嚣之美,楚虽蛮夷,不能宝也。"诸如赵简子戴的鸣玉之类,夸耀之物罢了,楚国根本不拿它当宝贝。

这个故事出自《国语·楚语》,很能代表这本书的特点——

一个是记言为主。《国语》是先秦时期的一部《语》书,充满了长篇大论,用"台词"推动历史叙事。一个是论说极具气势,排山倒海,跟《战国策》很像。

《国语》的作者是谁?司马迁认为是左丘明,"左丘失明,厥有《国语》"。汉代人都这么认为。刘歆、王充还把《国语》称为《春秋外传》——认为左丘明写了《左传》,作为《春秋内传》;写了《国语》,作为《春秋外传》。

但是对照一下对同一时期、同一事件的记述可以发现,《国语》和《左传》的大小差别,可谓不胜枚举。因此,从晋代开始,不断有人对《国语》的作者提出异议。

从材料的安排和取舍看,《国语》的作者不可能是一个人,但整理者很可能是鲁国人。《国语》成书年代大概在战国中期。作为我国最早的国别体史书,《国语》全书21卷,7万多字,按周、鲁、齐、晋、郑、楚、吴、越八国,记载了自周穆王征伐犬戎,至赵、魏、韩三家灭智氏,500多年的历史,基本上是部春秋史。

《国语》特别关注当时各争霸诸侯的治国方略,表现的人物基本上是霸主,如齐桓公、晋文公、吴王夫差、越王勾践等,内容涉及政治安排、经济体制、军事行动、外交活动、道德仪礼等方面。

在行文上,《国语》有个模式:简单交代事件起因,由某人长篇议论,作出预言;然后简单交代结果,印证议论的合理、预言的正确;在整个事件发展过程中,通常有人对事件进行点评。

比如《周语上·祭公谏穆王征犬戎》,一开始一句话交代缘起——"穆王将征犬戎",然后祭公谋父围绕"耀德不观兵"展开大段议论,最后结局也很简单——"王不听,遂征之,得四白狼、四白鹿以归,自是荒服者不至"。

征伐过程怎么样?打败犬戎没有?自身损失多大?怎么得到白狼、白鹿的?荒服者不来有什么表现?有什么影响?对不起,不说了。整个结构也算是"凤头—猪肚—豹尾"了。

虽然是以说理为主,但《国语》读来不会让人感到枯燥乏味、空洞无物,古人评价是"辨而工""文壮而辞奇"。明代文学家屠隆盛赞《国语》的文字有气势:"如江海之波,汪洋浩淼,非有跳沫摇洋之势,而千灵万怪,润乎深藏。明月照之,则天高气清;长风荡之,则排空动地。"

如《国语·周语中》记载,因晋文公拥立周襄王有功,所以周襄王以阳樊等四地赐之。但"阳人不服",阳樊的老百姓不愿降服,晋文公便率大军包围阳樊城,劝其归附。当此际,阳樊人仓葛挺身而出,据理力争,强调圣明的统治者不要滥用武力,抹灭文明,应该慎武修文以处理争端。仓葛的一番说辞,使晋文公由衷佩服,认为"是君子之言也",最终解除了围兵。这正如刘勰在《文心雕龙》中所说:"一人之辩,重于九鼎之宝;三寸之舌，强于百万之师。"

《国语》语言古朴简洁，对话中巧设譬喻，使文章有较强的说服力。比如《召公谏厉王止谤》，全文寥寥百字，用水喻民，表达了"为川者决之使导，为民者宣之使言"的主题思想，留下了"防民之口甚于防川"的警世观点，成为后来治国者的为政箴言。

有的对话则风趣幽默，颇有几分无厘头的效果。《晋语四》写重耳流亡到齐国，贪恋舒适生活，不想走了，愿"死于此"。他舅舅子犯灌醉重耳后，带他离开了齐国。重耳醒了之后气坏了，拿着武器追赶子犯，说：如果我成不了大事，当不了国君，我就把你这个舅舅的肉吃了。子犯一边躲闪，一边说：要是成不了大事，咱们都死无葬身之地。如果能成大事，你有那么多珍馐美味可吃，怎么会吃我这一身腥肉？

《左传》也记载了这一段，但只是简单说"姜与子犯谋，醉而遣之。醒，以戈逐子犯"。干巴巴的，不如《国语》的记述生动有趣有细节。

《国语》在流传过程中，不能不提一个人——三国吴人韦昭（204—273年）。陈寿说他"笃学好古，博见群籍，有记述之才"，有不少著作，现在流传下来的只有《国语解》。

《国语解》是汉魏旧注集成之作，其中也有不少韦昭的创见。韦昭"踩在前人的肩膀上"，采集东汉以来的学者郑众、贾逵、虞翻、唐固等人的精善训释，参以己见，综考五经，对照《左传》，用《世本》考其世次，用《尔雅》正其训诂，发明驳正300多处，对书中的字词、名物、制度、史事做了简明扼要的注释，堪称《国语》整理的功臣，这些也成为今天读《国语》的桥梁、门径。

> **小贴士**
>
> 民国时期，徐元诰作《国语集解》，收韦昭注，并网罗清代各家之说，间出己见，从文字音韵、文物制度、人名地名等方面进行注释。后来，该书经过王叔民、沈长云点校整理，很方便读者阅读。傅庚生的《国语选》虽为选本，然注释颇为精到，后来的《国语》译注中经常可以看到《国语选》的影子。还可参看陈桐生译注的《国语》。

《管子》
雕花鸡蛋价更高

一只乌龟能换来出征大军5个月的粮食用度？这不是天方夜谭，而是管仲理财的得意之笔。

管仲是春秋时期齐国大臣，是孔子都很佩服的名臣。当时在都城北门那边，有人从地下挖出一只乌龟。管仲教国君齐桓公如此这般，这般如此，"一顿操作猛如虎"，令这只乌龟身价陡增。

首先，国家派出使臣，坐着10匹马拉的车，到发现乌龟的人家，赏赐黄金百斤，并允许其终身可穿中大夫的官服。

其次，宣布这只乌龟是东海神灵之子，将其供奉在大台之上，每天宰杀4头牛来祭祀它，并定名为"无赀"，无价之宝的意思。

过了几年，齐国派军队征讨孤竹国。齐桓公将这只神龟抵押给国内大富户丁家，换来了大军出征的军粮，够三军吃5个月。

《管子》中记载的这个故事，看似荒诞，可细想一下，这不就是今天的"炒作"吗？或者说是增加附加值。这跟奢侈品牌的定价策略可谓殊途同归。《管子》总结这种做法叫"御神用宝"，意思是赋予一些物品神秘的品质，使其凭空具有宝贵的价值，成为重宝，以换取巨大的利益。

"御神用宝"只是《管子》"富国"主张的一个体现。全书洋溢着浓郁的经济色彩。在现存的《管子》一书76篇中，有2/3都涉及经济问题。这样专论经济的典籍，在先秦诸子的著作中是极为少见的，是研究我国古代经济思想的重要著作。

我们今天熟知的"仓廪实则知礼节，衣食足则知荣辱"这一深邃的洞见，就出自该书第一篇的开头，足以显示《管子》的作者们对经济基础这个根本问题思考得很深刻，总结得很到位。

《管子》的作者不是管仲，这是显而易见的。管仲先于齐桓公而死，如果他写书，是不可能写"齐桓公"这一国君死后才得到的谥号的。该书很可能是战国时期齐国学者合力编写而成，为的是整理、总结管仲辅佐齐桓公称霸的历史经验，从而帮助现在的齐国成就新的霸业。因此，有学者称《管子》是"管子学派"之作，并不为过。

在战国时期的东部和西部，形成两大"富国"理念。一个是秦国的"重农主义"，一个是以《管子》为代表的"轻重之术"。"轻重"的意思，就是利用市场价格波动的规则，实现富国强兵的目的。比如粮食和货币，年成好时，粮食丰收，同样的钱能买到更多粮食，就可以说，粮食为"轻"，货币为"重"；粮食歉收了，货币为"轻"，粮食为"重"。轻重随时变动，国家应顺时而为，把握时机加以宏观调控，获得最大收益。

在这样的理论支配下，《管子》提出了很多震惊当时、符合当今的观点。例如，《侈靡》篇中提到这么一句话："雕卵然后瀹

（音同月）之，雕橑（音同聊）然后爨（音同蹿）之。"卵是鸡蛋，瀹是煮的意思，橑是木柴，合起来就是说，在鸡蛋上雕花之后再煮了卖，木柴雕纹后再卖了去烧。

都是用来吃，白鸡蛋一个价，雕花鸡蛋价更高；都是用来烧，平常木柴一个价，雕花木材价更高。

直到很晚近的时候，人们才意识到，这不就是从供给端提升产品附加值，从而刺激消费的意思吗？与萨伊定律"供给创造需求"的观点简直如出一辙。但《管子》之见比萨伊定律早提出了2000多年。

我国古代生产力不高，绝大多数思想家都崇尚节俭，但《管子》说"俭则伤事"，太节俭了反而伤害生产的发展。在古代社会中，这可说是奇特而反常的观点。

在商品流通上，与"崇本抑末""重农抑商"的思路不同，《管子》提出："聚者有市，无市则民乏。"认为市的作用在于"以有易无"。若没有市场流通，民生会受影响。这说明《管子》很重视商品流通。

论价格时，《管子》说："夫岁有四秋，而分有四时。已有四者之序，发号出令，物之轻重相什而相伯。故物不得有常固。故曰衡无数。"这里的衡无数，是指物价不断波动，物价政策也应该随时调整，具体要根据春夏秋冬四季物产的品类、数量的变动来定。

关于货币问题，《管子》提出："黄金刀布者，民之通货也。"指出货币作为流通手段的重要性。还进一步指出："刀币者，沟渎也。"大意是，掌控了货币就好比掌控了水流的渠道，渠道都掌控了，水就自然掌控了。

此外，《管子》还提出政府应重视市场作用，主张政府不要向一般小民直接征收赋税，设想用"商战"来征服天下……这些都是很有价值的观点。

《韩非子·五蠹》说："藏商、管之法者家有之。"据此可知，《管子》的一些篇章早在战国晚期就已经颇为流行了。司马迁在《史记·管晏列传》中说："太史公曰：吾读管氏牧民、山高、乘马、轻重、九府……"可知《管子》一书在西汉中前期同样流行，司马迁读得很仔细。

西汉末年，刘向、刘歆整理皇家藏书。对于《管子》，综合数百篇同类文章，去除重复，编定为86篇。这是《管子》最早的定本。此后，唐宋各种类书对《管子》也是多有征引。唐代前期出现了尹知章注释的《管子》。中唐时期，史学家杜佑继承了《管子》富国安民的思想，在《通典》中有32处直接征用《管子》，阐述《管子》的微言大义。

小贴士

李山译注的《管子》，注释简明，翻译晓畅，内容准确，是《管子》阅读的入门书。同类书还有梁运华译注的《管子》。针对《管子》特定篇目的著作也有不少佳作。经济学家马非百的《管子轻重篇新诠》，基于经济规律的分析，对阅读《管子》也颇有启发。此外，还可参看陈鼓应的《管子四篇诠释》。该书从《管子》中抽出《内业》《白心》《心术上》《心术下》四篇进行注译、诠释。这四篇被认为是稷下黄老学派的代表成果。

《六韬》
中国兵书何以指导朝日战争

朝鲜、日本两国交战,双方指导战争的是同一部兵书——中国的《六韬》。

那是1592年,丰臣秀吉发动侵朝战争。仅两个月零两天,朝鲜"浃旬之间,三都失守,八方瓦解",三都(汉城、开城、平壤)十八道全部陷落。朝鲜王朝危在旦夕。

这时,有个叫全有亨的儒生给朝鲜国王上疏,认为"胜敌之道"之一在于得民心,"失民心,则君有万里之明,臣有《六韬》之略,不能为也"。如果国家不能汇聚民心,那么即使国君贤明,官员拥有《六韬》那样的军事谋略,这仗也打不赢。

全有亨以《六韬》举例来劝诫国王,表明《六韬》这部中国古籍在朝鲜儒生心目中的地位是很高的。

此外,战争前期英勇殉国的将领李景毅,"常好太公韬略(指《六韬》)"。谋士裵龙吉面对朝鲜的节节败退,写诗感叹道:"不读龙韬过半生,时危无路展葵诚。"这里的《龙韬》是《六韬》中的一卷。儒士金富伦献策时提到,严冬时节,日军不耐寒,是"操刀必割"之时,一定不能错过这种破敌的好时机。这正是来自《六韬》中的一句话——"日中必彗,操刀必割,执斧必伐"。

这场持续了7年之久的战争,以中、朝两国的胜利而结束。

针对战争期间边备不足和缺乏精兵强将等问题，不少朝鲜士人注重从将士的选用等方面为国家建言献策。其中有位叫金齐闵的官员，在《保邦要务》疏中谈道："论为将之道，以五材为体，智信仁勇严是也。"这里是借鉴了《六韬》的选将方法。《六韬》篇提到，"将有五材十过"。所谓"五材"，即勇、智、仁、信、忠。金齐闵对此略有调整。

无独有偶，日本对《六韬》的学习也十分重视。日本平安时代，学者大江维时被醍醐天皇派往唐朝留学。他花重金购买了《六韬》《三略》等兵书，带回日本。自此以后，《六韬》在日本得到传播，并成为足利学校的主要教科书。日军熟习《六韬》的优势，在侵朝战争中表现得很明显。据统计，从1600年到1976年，日本至少出版了40种《六韬》的译注、评点著作。

这部交战双方都看重的《六韬》，是继《孙子兵法》之后中国先秦兵家思想成熟的典型代表，吸收了先秦兵家和诸子论兵的精华，成为一部集先秦军事思想之大成、具有独立体系的重要兵书。

《六韬》的作者，原来说是姜太公，实际不可能。先秦古书，一向不提撰者姓名。姜太公所处的商末周初断然不可能出现《六韬》这样的著作。因为书中不少内容和思想，都是后世才能出现的。比如《虎韬·军用》中提到的"铁蒺藜""铁械锁""环利铁索"等铁制军备，在战国末期才出现。

从宋代的叶适、陈振孙、黄震，到明代的胡应麟、清代的姚际恒，许多辨伪学者都已经看出来后人伪托这一点了。《四库全书总目提要》就说了："其依托之迹，灼然可验。"1972年山东临沂银雀山西汉前期古墓出土汉简中，有《六韬》相关内容，与传世本基本相同，说明《六韬》早在西汉初年就已经有了定本，那么战国末期成书，也就顺理成章了。有学者考证认为，其是齐国稷下学者的集体创作，可备一说。

有意思的是，宋神宗时刊行"武经七书"，顺序是《孙子兵法》《吴子兵法》《司马法》《李卫公问对》《尉缭子》《三略》《六韬》。到了宋孝宗时，把《六韬》提到第四位。宋光宗时期，又把《六韬》移到第一位。到了明代，才又恢复最初的顺序。这个位置变化的过程，正反映出《六韬》成书时间没有定论的实际情况，但这对其学术价值没有什么影响。

循名责实，韬，原为"弓箭套"，包含深藏不露的意思，引申为谋略之意。六韬，就是指导战争的6种韬略。按照唐人颜师古的解释，《六韬》是"言取天下及军旅之事"的一部兵书。全书分为6卷60篇，近2万字，通过周文王、周武王与姜太公对话的形式，阐述治国治军的理论以及指导战争的原则。

第一卷《文韬》讲论治国图强之道，包括《文师》《盈虚》《国务》《大礼》《明传》《六守》《守土》《守国》《上贤》《举贤》《赏罚》《兵道》12篇，讲的是作战之前，国家如何做好物资准备、精神准备和战争动员，同时要了解和掌握敌国的各种情况。

第二卷《武韬》阐述伐灭强敌、夺取天下的韬略，包括《发启》《文启》《文伐》《顺启》《三疑》5篇，指出需要确定战略目标，采取正确的斗争策略，特别要注意掌握和了解敌情，以扬长避短，克敌制胜。

前两卷就性质来说，是战略问题，讲战前的各项准备。下面4卷重在阐述战争的具体指导原则，偏战术性质。

第三卷《龙韬》详陈军队治理、军事行动部署及综合保障问题，包括《王翼》《论将》《选将》《立将》《将威》《励军》《阴符》《阴书》《军势》《奇兵》《五音》《兵征》《农器》13篇，指出只有合理地部署和使用兵力兵器，注意天时、地利等客观因素的影响，才能胜敌。

第四卷《虎韬》叙说武器装备及战法，包括《军用》《三阵》《疾战》《必出》《军略》《临境》《动静》《金鼓》《绝道》《略地》《火战》《垒虚》12篇，讲的是在开阔地区作战的战略战术及军器运用的韬略。

第五卷《豹韬》归纳各类战场环境下的战术实施原则，包括《林战》《突战》《敌强》《敌武》《鸟云山兵》《鸟云泽兵》《少众》《分险》8篇。

第六卷《犬韬》言及车、骑、步诸兵种的协同问题，包括《分合》《武锋》《练士》《教战》《均兵》《武车士》《武骑士》《战车》《战骑》《战步》10篇。

《后汉书·何进传》章怀太子注说:"《太公六韬篇》:第一《霸典》,文论;第二《文师》,武论;第三《龙韬》,主将;第四《虎韬》,偏裨;第五《豹韬》,校尉;第六《犬韬》,司马。"扼要点明了《六韬》各篇的内容和特点。

有格局的兵书,眼光绝不限于战场。战争是政治的继续。而政治的精髓,则是把支持自己的,搞得多多的;把反对自己的,搞得少少的。《六韬》深明此道,以兵家言政治,最精彩之处莫过于"天下者非一人之天下"思想的提出,尤其在《文韬》中,阐述了收揽人心、汇聚民心的诸多议题,核心就是要求国君施行仁政,师出有名,取得举国上下的支持,赢得友邦军队的支援,最终形成"以有道伐无道"的形势。这与孟子"得天下有道,得其民,斯得天下矣。得其民有道,得其心,斯得民矣"的思想,是一脉相通的。

小贴士

陈曦译注的《六韬》，注释详尽，凸显了全书四点精华：一是服务于"全胜"战略的"文伐"主张，二是丰富多样的作战形式与深入细致的战术思想，三是思虑缜密的参谋总部人员编制理论，四是严格周详的选拔与考核将帅的方法。孔德骐的《六韬浅说》对《六韬》的成书时代、版本源流，特别是在军事学术史上的地位和价值，做了全面的介绍，并翻译了原文，又逐篇分析点评，对于读者理解、把握《六韬》做了很好的向导工作。

《吕氏春秋》
千金不能易一字

春秋时期，齐国有个叫北郭骚的人，家境贫寒，连老娘都养不活了。实在没办法，他就去求见国家重臣晏子，想乞讨一些吃食。晏子看他很孝顺，就给了他一些粮食和钱。北郭骚收了粮食，把钱退了回去。

后来，晏子被国君猜忌，逃往国外，路过北郭骚家时想跟北郭骚告个别。北郭骚没多说，只是淡淡地来了句：您多努力吧。晏子叹气说：我看错了这个人。

等晏子走后，北郭骚找来一位朋友说：晏子以前给我粮食让我奉养老母，现在他有难了，我只有用我这条命帮他辩白了。说罢，他穿戴好衣冠，让朋友拿着宝剑、捧着竹匣跟他一起去找齐王。

到了齐王驻地后，北郭骚对负责通传的官吏说：晏子是天下有名的贤人，他走了，国家一定会遭到外敌侵犯，我不想眼看着国家灭亡，不如先死。请用我的头为晏子洗清冤屈吧。然后对朋友说：就把我的头放在这个竹匣中，给那个官吏。说完就自刎而死。

朋友把北郭骚的头放在匣中交给那个官吏后，对围观者说：北郭先生为国而死，我为北郭先生而死。说完，也自刎了。

齐王听到这件事后，很受震动，马上坐车去追赶晏子。追到国境时总算追上了，恳请晏子回去。晏子回去后听说了北郭骚和他朋友的事，感叹地说：我又看错了人啊。

一介平民，在贤者出走、国家有难之际，能够不惜生命，以一腔热血报效国家、回报恩情，不禁让人击节称赏。

这个舍生取义的故事，被收入《吕氏春秋》一书，礼赞那种"当理不避其难，临患忘利，遗生行义，视死如归"的精神，进而说明：国家需要北郭骚这样的贤人，才能内安国事，外定天下。

吕不韦其人，在历史上的评价不高，但不影响他主持编纂的这部《吕氏春秋》的价值。《四库全书总目提要》认为此书较诸子之言更为大气，应该得到更多关注。

这部书怎么来的？司马迁在《史记》中说，秦国丞相吕不韦仿效"战国四公子"的做法，招养门客三千。在秦国一统天下的前夕，他组织这些门客编写了这部书。

该书包括八览、六论、十二纪三部分，20多万字。历代分类，都把它归于"杂家"，多认为其是糅合各家学说而成，没什么创新。其实不然，《吕氏春秋》是一部为秦国统一全国后制定的治国大纲。当时，吕不韦大权在握、被尊称为"亚父"，在推进统一战争的同时，势必要为统一之后的国家擘画蓝图。

在书中，吕不韦对著述动机做了说明：其一是为了"纪治乱存亡",总结历史经验教训;其二是提出了"上揆之天,下验之地,中审之人"的政治准则;其三是强调治国必须"行其理也",与秦国一向尊奉的"法治"有所区别。

为了扩大该书的影响力和传播力,《吕氏春秋》撰成之后,吕不韦将该书挂在都城咸阳的城门上,同时悬千金于其上,声言不管谁,能加减一个字,就给千金。这就是成语"一字千金"的由来,用以形容文章好得不可修改、价值很高。

能达到这样的水平,归功于《吕氏春秋》对先秦诸子思想来了一次大总结,特点就是"杂"。这个杂,不是杂乱无章,不是思想拼盘,而是超越门派之见、集众家之长。何为众家之长?对诸子百家学说的特点,《吕氏春秋》仅用一个字就进行了精准的概括:老聃贵柔、孔子贵仁、墨翟贵兼、关尹贵清、陈骈贵齐、阳生贵己、孙膑贵势、王廖贵先、儿良贵后。

在此基础之上,该书对诸家学说来了一次"掐尖"式融合:对道家,取道法自然的思想,弃消极避世的倾向;对墨家,肯定兼爱、尚贤等主张,摒弃鬼神之论;对儒家,重视纲常伦理与尊师重教;对阴阳家,融合了五德终始学说;对法家,学习变法主张与贵势思想,反对专恃法术势治国的思想……

融合之后的学术思想,反映在政治主张上,主要是推崇无为而治。《吕氏春秋》全书洋溢着浓厚的法天地、重无为的道家思想。

比如，在《察贤》篇中有这么一个故事，说孔子的弟子宓子贱治理单父这个地方时，每天弹琴作乐，悠然自在，很少出公堂，却把单父治理得很好。而孔子的另一个弟子巫马期治理单父时，每天星星还高挂在天上时就出门工作，直到星星又高挂天上时才回家，夙兴夜寐，事事亲力亲为，这才把单父治理好。

巫马期向宓子贱询问不过劳也能治理好单父的缘故。宓子贱说：我的办法是凭借众人的力量，你的办法是依靠自己的力量。依靠自己的力量当然劳苦，依靠众人的力量当然安逸。

不过，《吕氏春秋》推崇的无为而治思想与秦始皇的法治思想实难相容。因此，《吕氏春秋》在统一后的秦朝并未发挥作用。但秦朝的灭亡，又从反面证明了《吕氏春秋》的价值。到了汉初，几代皇帝都推行黄老政治，与民休息，"文景之治"就是在这样的治国方针下取得的。在这个意义上说，《吕氏春秋》确实是一部合格的治国大纲，只不过没有用在"娘家"而是应在了"仇家"。

小贴士

从《汉书·艺文志》到《四库全书总目提要》,历代目录都将《吕氏春秋》放在"杂家"类,近现代学界倾向将之归为道家。《吕氏春秋》的现代整理注释本,首推许维遹《吕氏春秋集释》。该书汇集了民国初年以前历代学者研治《吕氏春秋》的成果,资料丰富,体例严谨,繁简适中,在当时即获得学界的好评,后来多次影印再版。最新的注本是陆玖译注的《吕氏春秋》,按题解、原文、注释、译文四部分安排。题解展示了各篇的主要内容,并对其文献价值与思想意义进行了简要概括;注释准确、简明;译文流畅。该注本是帮助读者入门、了解这部先秦典籍的普及性读物。

淮南子

盐铁论

汉代

潜夫论

四民月令

《淮南子》
汉人著述第一流

这是这部公元前2世纪的中国哲学巨著的第一部完整英文译本，融合了道家、儒家和法家关于生命、宇宙、商业、战争、领导等方面的理论。

它代表了一种卓越的尝试，将数百年来看似不可调和的思想融合成一个统一的体系，并在汉朝巩固和统治的关键时刻指导治理。

2010年，美国汉学家约翰·梅杰领衔翻译的《淮南子》英译本出版。在全球最大的在线读书社区、被称为"美国豆瓣"的Goodreads上，此书评分达到4.65分（满分5分）。不少读者留下阅读评价。这说明，《淮南子》在英语世界受到了喜欢汉学和中国古典著作的学者和读者的追捧。这让人有些惊讶，因为此书在中国历史上向来以"难读"著称。

《淮南子》是西汉淮南王刘安率领门客集体编撰而成的一部哲学著作。全书21篇，今存13万字。21篇依次为《原道训》《俶真训》《天文训》《地形训》《时则训》《览冥训》《精神训》《本经训》《主术训》《缪称训》《齐俗训》《道应训》《氾论训》《诠言训》《兵略训》《说山训》《说林训》《人间训》《修务训》《泰族训》，以及一篇后序性质的《要略》。

确如网友评价所言，《淮南子》糅合道家的自然天道观、儒家的仁政学说、法家的进步历史观、阴阳家的阴阳变化理论、兵家的战略战术等各家思想精华于一身，而以道家思想为主旨。能做到这一点，不能不佩服刘安的水平。

刘安为汉高祖刘邦之孙，生于汉文帝即位元年（公元前179年），死于汉武帝元狩元年（公元前122年）。刘安博学多才，诵诗作赋、天文历法、方术技艺，无不精通。有个冷知识：刘安还是豆腐的发明者。

写作此书的目的，诚如《淮南子·要略》中所说："观天地之象，通古今之论，权事而立制，度形而施宜。"这与后来司马迁说的"究天人之际，通古今之变，成一家之言"，著书立意可谓一脉相承。

为达成此目的，刘安组织了一个强大的编辑写作团队，招致宾客方术之士数千人。给《淮南子》作注的东汉学者高诱说："天下方术之士，多往归焉。于是（刘安）遂与苏飞、李尚、左吴、田由、雷被、毛被、武被、晋昌等八人，及诸儒大山、小山之徒，共讲论道德，总统仁义，而著此书。"可见刘安是总编辑，提出编辑思路，下面还有苏飞等人作为编委，分别统领数千宾客方士完成全书。

《淮南子》又名《淮南鸿烈》，何谓"鸿烈"？高诱是这么解释的:"鸿,大也;烈,明也。以为大明道之言也。"也就是说,《淮南子》全书是围绕"明道"这一主题,以"总—分—总"的结构展开的。首篇是全书的纲领,推衍老子之旨,探寻"道"的本原。次篇是对首篇的补充。第三篇至第十九篇,把"道"展开论述,涉及自然之道、君臣之道、用兵之道、养生之道等。第二十篇与首篇遥相呼应,对全书进行总结。

由此可见,《淮南子》各篇的内在联系非常紧密。如此一部体例严密的鸿篇巨制,一定经过精心策划、反复修改。正如梁启超所言:"然宗旨及体例,计必先行规定,然后从事……《要略》所提挈各篇要点及排列次第,盖匠心经营,极有伦脊。"大意是,各篇文章论述得都很有条理,排列得井然有序、咬合紧密。

胡适认为,道家集古代思想的大成,而《淮南书》又集道家的大成。道家兼收并蓄,但其中心思想终是那自然无为而无不为的"道"。

的确如此,《淮南子》大量引用《老子》《庄子》。有学者统计,仅《道应训》就引用《老子》52处,全书引用《庄子》223处。道家倡导的"无为"到底该怎么理解?《原道训》进行了阐释:"所谓无为者,不先物为也;所谓无不为者,因物之所为也。所谓无治者,不易自然也;所谓无不治者,因物之相然也。"这里的"无为",不是无所作为,静待其为,而是按照自然规律和社会规律办事,不要人为地违背规律,这样才能实现"无为"和

"无不为"的对立统一。

在《修务训》中,《淮南子》特地指出,那种"以火熯(音同汉)井,以淮灌山"(用火来烤干井水,把淮水引上八公山)的做法,那种不尊重自然规律、得不偿失的荒唐行为,才叫作"有为",也就是乱为、妄为。这样就彻底划清了"无为"和"有为"的界限。这是《淮南子》对道家思想的创新发展。

要贯彻"无为"思想,势必要对自然和社会进行深刻体察,以摸清运行规律。为此,《淮南子》中记载了很多科技成就,涉及天文、物理、化学、农学、医药、水利等多方面。值得一提的是,二十四节气的完整、科学总结,第一次见于《天文训》:"两维之间九十一度十六分度之五,而斗日行一度,十五日为一节,以生二十四时之变。"这里是用北斗斗柄的旋转来确定二十四节气,成为此后两千多年中国历代朝廷施政、祭祀、渔猎、施刑、出征等各种大事的主要依据。

《淮南子》文笔瑰丽。南宋学者高似孙在《子略》中说:"《淮南》之奇,出于《离骚》;《淮南》之放,得于《庄》《列》;《淮南》之议论,错于不韦之流。"我们今天熟悉的很多名言,都出自这本书。"塞翁失马,焉知非福",出自《人间训》;"将军赶路,不追小兔",演化自《说林训》中"逐鹿者不顾兔";"言而必有信"则出自《氾论训》。

该书虽受汉武帝"爱秘之",但终究没有被采用。汉武帝采用了董仲舒的建议,"罢黜百家,独尊儒术"。不过,后世学者颇重此书。梁启超评价"其书博大而有条贯,汉人著述中第一流也",绝非过誉之词。

小贴士　民国"狂人学者"刘文典的《淮南鸿烈集解》,全面而系统地吸收前人研究成果,对《淮南子》各篇疑难字词、典章名物、思想奥义等加以阐发注释,条理分明,见解独到,方便读者的研究学习。陈广忠译注的《淮南子》校勘精审,译文准确晓畅,并辅以几十张图片帮助理解,是《淮南子》诸多版本中雅俗共赏的一种。

《盐铁论》
一场两千年前的辩论

一场关乎国家政策走向的辩论会，开始了。

那是距今2100多年的汉昭帝始元六年（公元前81年）二月。正方为御史大夫桑弘羊等政府官员，反方为各地选派的贤良、文学60多人。所谓贤良，是各地豪富之民；文学，则是底层的儒家知识分子。辩论主题之一是汉武帝时实行的盐铁酒国营专卖政策是否还要继续下去。

汉昭帝之前的汉武帝，连年用兵征讨匈奴，"武皇开边意未已"，逐渐导致财政亏空，入不敷出。于是，国家推出了一系列开辟财源的活动，如盐铁酒的国营专卖、均输平准、货币改革等，逐步改善了财政状况。但同时因搜刮过多，也给民间带来了极大困苦。这是辩论会的时代背景。

正方首先立论，盐铁官营一方面有助于筹集军费，用于对匈奴的作战，既保边境平安，又扩大了疆土，还获得了匈奴的牛羊等资源；另一方面有利于加强中央的实力，防止"七国之乱"那样的诸侯国叛乱再次发生。

反方认为，对于匈奴这样的蛮夷，动武没用，得用道德感化他们。而盐铁官营之下，全国铁器规格一致，但是各地土质不同，农具无法因地制宜地制造，农民用不上称手的家伙，导致农业生产受损。

正方反驳，官营铁器的规格、质量都统一的话，对务农是有益的。有些人陷入饥寒交迫的困境，那是懒惰或者追求奢侈的结果。而且盐铁官营还有利于瓦解地方上的豪强势力，让社会风清气正起来。

反方再驳回去，世易时移，汉武帝时期出台的政策是为了当时救急，今时不同往日，老百姓因为战争的破坏和贪官污吏的压榨，早已疲惫不堪，必须尽快改弦更张，安定人心。

就这样，双方针锋相对，唇枪舌剑，你来我往，甚至还展开了人身攻击。

桑弘羊贵为国家重臣，在论辩到激烈处，放弃风度，多次放言威胁贤良、文学不要乱说话，不然会像建言削藩的晁错那样被斩杀在东市。

贤良、文学也不示弱，指责桑弘羊等大臣执掌天下大事已经十多年了，不光没有造福社会，还让百姓困苦不堪，家徒四壁，而自己却积累下巨额财富。

桑弘羊很生气，说你们这些来自穷乡僻壤的陋儒，衣冠不整，不知冰水之寒，好像喝得酩酊大醉后刚醒一样，哪里配讨论国家大事？

这次辩论会，后来被称为"盐铁会议"。汉宣帝时，庐江太守丞桓宽根据当时的会议记录，加以润色、增广，写成《盐铁论》一书，共60篇。我们今天能读到这些充满火药味的论辩场景，要感谢桓宽。

严复翻译英国经济学家亚当·斯密的《国富论》一书时说过，经济学不是亚当·斯密所创，在中国，财赋不是专门的学问，相关表述散见于各家著作中。他列举了7本古书，认为虽然没有一条主线，但也不能说对理财之义无所发明。而最后一本，就是《盐铁论》。《盐铁论》被誉为中国的《国富论》。直到今天，我们仍在探讨桑弘羊与贤良、文学争辩过的国营经济问题以及专营制度问题。

需要注意的是，桓宽不是中立、客观地加以编写，而是倾向性明显，站在贤良、文学的立场上进行记述。我们来看书中的表达，虽然双方都引用"五经"，都以孔孟为凭依，但贤良、文学都是口若悬河，雄辩滔滔；而政府官员动不动就默然了，就答不上话了，要不就面有愧色。此外，每篇一上来，往往先是官员来一段，然后贤良、文学大段大段地驳斥。

虽然"盐铁会议"的结果只是取消了酒类专卖，汉武帝时的政策大多还是保留了下来，但贤良、文学表达出来的经济思想却借助《盐铁论》一书，牢牢站稳了西汉之后2000多年经济思想的"C位"。

此外，虽然辩论主题是盐铁官营，但是双方的论争范围突破了财政经济领域，扩及司法吏治、民族关系、社会风俗、学术思想等方面，可谓一场大百科全书式的辩论，映照出西汉社会经济的方方面面。

有学者做过统计，发现该书谈论经济问题的篇数只占12%。因此，明末清初藏书家黄虞稷的《千顷堂书目》将其列入史部食货类中后，四库馆臣在《四库全书总目提要》里提出批评，认为还是应该列在子部儒家类更合适。

鲁迅先生说过，中国的正史不过是帝王将相的家谱。意思是大部分史书缺乏对广阔丰富的社会生活的记录。而《盐铁论》在不经意间保存了大量了解汉代民间社会风俗的史料，对正史记载的缺失进行了一定程度的补足。

比如在《散不足》篇中，贤良、文学提出社会风俗在近来发生了由俭入奢的情况，广泛涉及衣食住行、婚丧嫁娶各个领域。举例时引用了当时社会生活中的器物、食物、衣物、玩物等诸多好物，让人们看到了汉代民间日常的五彩斑斓。

若将《散不足》篇的这些社会史资料与近年出土的汉代文献相结合，相信能更进一步揭示出汉代社会的生动面貌。

小贴士

《盐铁论》最早被收录在班固《汉书·艺文志》里,明代张之象最早为《盐铁论》做注。郭沫若曾校订该书,并做了一些注释,分段标点,眉目清楚,便于阅读,取名《盐铁论读本》,但其中有一些值得商榷之处。后来,"两千万富翁"王利器(因整理校勘,出版古籍、文献逾两千万字而获此戏称)集前人之大成,在1958年出版了《盐铁论校注》,是研究《盐铁论》的基本参考书。该书注释翔实,导读言之有物,附录尤其精彩,几乎将历代与《盐铁论》相关的材料和评议一网打尽。另外,陈桐生译注的《盐铁论》和马非百的《盐铁论简注》也是阅读《盐铁论》的得力助手。

《四民月令》
我在汉代当地主

在很多文学作品中，以前的地主不是正面形象，往往与好吃懒做、为富不仁、残忍暴戾联系在一起，是被讽刺、揶揄、批判的对象。那么，古代地主真是天天想着怎么压榨、克扣农民吗？或者说，仅仅是这样吗？翻看一下东汉崔寔的《四民月令》，可能会让你感受到一个更立体、更接近农业生产的地主形象。

大家长登场

西汉名臣晁错在《论贵粟疏》一文中提到农民勤苦时有这么一句话："春不得避风尘，夏不得避暑热，秋不得避阴雨，冬不得避寒冻，四时之间，亡日休息。"这里的"亡"通"无"。农民一年到头辛苦不得闲。

具体都怎么辛苦呢？《四民月令》按照月份顺序，记述了一年中每个月的农事安排。此外，还涉及天气物候、祭祀、教育、宗亲关系、制药、制酱、纺织、商业买卖等各种与农村生活、农业生产息息相关的事务。虽然《四民月令》成书在东汉，但两汉经济，尤其在农业方面，相差不多；农民生产生活的变化，也不会相差太多。因此,《四民月令》展现的其实是一幅汉代农业生产、农村日常活动的全景图画。

跟很多古书的命运一样,《四民月令》原书早就散佚了,现存的是任兆麟、王谟、严可均、唐鸿学的4种辑佚本,其中,严可均、唐鸿学的辑本比较好,最通行。

中国的农业,在战国时期发生了一个重大变化,由"普天之下莫非王土"发展为土地私有,并可自由买卖,地主这个阶级就此产生,并不断壮大。同时,农业生产技术也在提升,铁器、牛耕的使用大为普遍。到了汉代,这些制度、技术都已基本定型,趋于稳定,《四民月令》的主人公,也在此登场了,我们姑且称他为大家长。

干农活

当时的农业生产,一般是由地主,也就是大家长带着子孙、女眷、奴隶一起进行的,十分繁忙。大家长的指令频频,几乎月月都有。

正月,地气上腾,要播种各种农作物——瓜、瓠、葵、蓼、大葱、小葱、苜蓿、春麦等,还要种植竹、漆、桐、梓、松、柏等树木。同时,命女工赶紧织布,令厨子酿造春酒。

二月，种下大豆、胡麻、苴麻、穄禾等作物。趁着蚕事未起，命裁缝浣洗冬衣，并把棉衣中的棉拆出，改成夹衣。

三月，清明、谷雨之间，全力料理养蚕事务，督促"蚕妾"勤快一些，别干别的以乱本业，有不听话的，肯定要责罚。同时，可栽种黍稻。

四月，降雨增多，可种穄禾、胡麻、大豆、小豆。

五月，可继续种胡麻、黍、牡麻、蓝等作物。

六月，种小蒜、冬葵、藜青。同时，命女工织造缣帛。

七月，可种芜菁、大葱、小葱、苜蓿、小蒜、芥等作物。

八月，播种大麦、小麦、干葵、苜蓿等；织的丝布要染色，多余的拿出去卖，再做一些鞋。

十月，织造一些麻布，厨子又要酿冬酒了。

十二月，休农息役，可算能喘口气了，这时要把农具收拢起来，耕牛也休养一番，准备来年农事。

抓教育

虽然农事很忙，但信奉耕读传家的大家长，丝毫不放松孩子的教育问题。

正月，农事未起，命成童，也就是虚岁15岁到20岁的孩子入大学,学《诗》《书》《礼》《易》《春秋》;命虚岁9岁到14岁的幼童入小学,学《急就章》《九九表》等。

八月,暑热刚退,命幼童入小学,跟正月一样。

十月,农事完了,命成童入大学,跟正月一样。

十一月,砚台结冰了,命幼童入小学,读《孝经》《论语》等书。

由此可以看出,地主家的孩子上学,分大学、小学两级,一般都在农闲时读书,从9岁到20岁,能上11年学,比九年义务教育时间还长。不过,这都是地主家的孩子的待遇,农民、奴隶的孩子是没有机会受教育的。

做买卖

在古代,富农、地主并不是一味务农,也会经商,把剩余农产品拿去交易,并低价收购一些农货。这一点,《四民月令》并未忽略。

二月,可卖粟、黍、大豆、小豆、麻、麦子;三月,可卖粟和布;四月,可卖大麦和大麦敝絮;五月,可卖大豆、小豆、胡麻,买进敝絮和布絮;六月,可卖大豆、小麦,买布料;七月,可卖大豆、小豆、杂麦,买布料;八月,可卖麦种和粟;十月，可卖缣帛、敝絮以及粟、豆、麻；十一月，可卖粳稻、粟、豆、麻。

好家伙，一年中有9个月都在做买卖，交易的都是衣食必需品，而且是贱买贵卖——夏天收布料和缣帛，冬天卖出；春天卖出粮食，四月麦子一熟就立马买进，能不赚钱？

保健康

既然赚了钱，这位大家长也要享受享受生活，主要体现在吃上。《四民月令》详细记载了丰富的食物：正月，做肉酱、清酱；二月，将榆钱晒干，磨成粉，加作料发酵便成酱；四月，做鲷鱼酱；五月，可做醋和鱼酱；十月，煮甜羹。

食物不光讲究，还有忌讳，比如，夏至前后各15天，吃的要清淡，少吃肥腻；快到立秋时，别吃煮饼和水饮饼，难消化，容易积食。

这时，作为大家长，就要注意家族的健康问题，得懂医学，预备好药，以备不时之需。这一点，《四民月令》记载颇详。

正月，调制膏药、小草续命丸以及其他一些药物；三月，可采艾和柳絮，民谚说"家有三年艾，郎中不用来"，柳絮则是用来治疗疮痛的；四月，这会儿快热起来了，"利用漆油"煎药防燥；五月，调制止痢黄连丸、霍乱丸，用蟾蜍调制治疗恶疽的疮药，用蝼蛄调制治疗妇产疾病的药物；七月，调制蓝丸、蜀漆丸；十二月，割下白鸡头调制药物。

佑家园

这么大一份家业，安全保卫工作也得由大家长来抓，主要是练习武艺，修筑门墙。具体来讲，二月，练习射箭；三月，把围墙、门户修缮好，安排人警戒，防范"春饥草窃之寇"；五月，给弓箭、弩弓做做保养；八月，再准备一些箭；九月，加紧练习战斗技能，维修防备设施，防范"寒冻穷厄之寇"；十月，筑牢围墙。

此外，带领全家祭祀祖先，更是大家长责无旁贷的事务。二月、五月、六月、八月、十一月、十二月都有重要仪式，而最重要的，莫过于正月初一的祭祀了。

这一天，大家长引领全家老少，齐聚一堂，干干净净地祭祀先祖。先是进献美酒，接着大家按照尊卑长幼，在祖先面前排队祭拜。然后轮流向大家长敬酒，说些祝福的话，洋溢着美满快乐的气氛。

通过《四民月令》的记载可以看到，在东汉时期，一年下来，一个农业大家族是多么繁忙。地主也不好干啊。

小贴士

1965年，西北农学院教授石声汉的《四民月令校注》出版。1981年，缪启愉的《四民月令辑释》出版。这两个辑佚本广泛汲取《齐民要术》和各种类书中的有关资料，参考各种辑本，尽量做到不漏辑、不误辑，对所辑原文做了详细的校勘和注释，并分别在"附录"和"序说"中分析了崔寔的生平、思想和《四民月令》的内容与价值。他们的工作为对《四民月令》的进一步研究奠定了基础。日本学者渡部武在石声汉《四民月令校注》的基础上加以订正，并按月列出正文、通释和译注，日译本的副题为"汉代的岁时与农事"。

《潜夫论》
徒见二千石，不如一缝掖

比你优秀的人，比你还努力，你还不努力吗？这句今天常用于激励学习、奋斗的话，如果让古人说，古人会怎么说？

东汉布衣学者王符在他的《潜夫论》中，开篇就搬出11位圣贤的学习故事："黄帝师风后，颛顼师老彭，帝喾师祝融，尧师务成，舜师纪后，禹师墨如，汤师伊尹，文、武师姜尚，周公师庶秀，孔子师老聃。"这里的"师"是师从、以……为师的意思。

接下来，王符就说了："夫此十一君者，皆上圣也，犹待学问，其智乃博，其德乃硕，而况于凡人乎？"这11位人君都是上等的圣人，还需要学习和问询，才能获得广博的智慧和高尚的德行，何况平常人呢？

古人写文章，劝学是共通的主题。但王符写《潜夫论》，不只是为了劝学。

"东汉三杰"之一的王符是西北汉子，安定临泾（今甘肃镇原）人。范晔说王符出身"庶孽"，是妾所生。在当时的宗法观念下，王符自幼受到家庭和乡里的歧视。但他勤奋好学。《潜夫论》大量引文表明，王符不但谙熟《周易》《尚书》等儒家经典，而且通晓诸子百家、各种史书，此外还精通方术杂占之书。

049

据学者推断，王符主要活动年代在东汉末年、黄巾起义之前。当时东汉社会各种矛盾已经日趋严重，朝政腐败黑暗。官僚和豪族、地主的贪婪和残暴，加上连年自然灾害，造成社会动荡、民不聊生。王符由于"耿介不同于俗"，终身不仕，自号"潜夫"，隐居著书，讥评时政。

《潜夫论》就诞生在这样的时代、脱胎于这样的作者。全书10卷36篇，最后一篇《叙录》综述全书以及各篇写作的主旨，其他各篇论述学习教化、人才使用、司法方针、边防政策以及社会风气、世俗迷信、伦理道德等问题，涉及哲学、历史、政治、经济、法律、军事、思想文化等领域。

批判性是《潜夫论》最大的特色。王符历数当时经济、政治、社会风俗等方面的黑暗情形，直言这是个"衰世"，表达了一位隐居"潜夫"、布衣哲人对于时代、社会、人生的忧患意识，提出了改革时弊的真知灼见。《潜夫论》也因此被誉为"真实反映当时社会的镜子""一座包罗万象的学术宝库"。

在王符看来，"天以民为心，民之所欲，天必从之"。全书洋溢着浓郁的"民本"思想。有学者统计，6万字的《潜夫论》中，"民"字出现频率很高，达百余次。书中各篇谈到了民的地位、价值等问题，提出爱民恤民的治国方略，关注民众的苦难现实，抨击实行残民政策的黑暗势力。

王符提出"民为国基"——"国以民为基，贵以贱为本"。

他说，自从天地开辟有了国家以来，哪个君主能做到民危而国安呢？凡是民生多艰、不得安宁的时期，国家必然出现危机。希望统治者"深惟国基之伤病，远虑祸福之所生"，深切思考民众的创伤，长远考虑祸福的根源，以求国家的长治久安。所谓"民安乐，则天心慰""社稷安，而君尊荣"。

既以民为本，富民就成为题中应有之义了。"下贫而上富者谁也？……民实瘠，而君安得肥？""富民"思想古已有之，所不同的是，王符将其"富民"理论提高到了治国的根本、"太平之基"的高度来谈论，而非仅将之看作治国的一种手段。

《潜夫论》认为，富民道路有三条——农业、手工业、商业，即"农桑""致用""通货"；亦有"贫民"之理，即"游业""巧饰""鬻奇"。"守本"即为"富民"之道，"守末"则为"贫民"之理。能富民即是"本"，贫民则为"末"。这种把商业和农业并重的论断在中国古代一向以农业为经济命脉的背景下提出来，非得有极大的理论勇气和创新意识不可。学者李敖如此评价王符："这些大胆的言论，千载之下，还令我们崇敬。"

凭借犀利的思考，王符在当时受到了多方尊崇。韩愈在《后汉三贤赞》中说道："皇甫度辽，闻至乃惊，衣不及带，屣履出迎。"讲的是度辽将军皇甫规破格礼遇王符的故事。

那一年，皇甫规辞官退休回到安定后，有一个用钱买来雁门太守的乡人前来拜谒。皇甫规看不上此人，对其出言讽刺。这时，通报说王符来了。"规素闻符名，乃惊遽而起，衣不及带，屣履出迎，援符手而还，与同坐，极欢。"这位大将军衣服都来不及穿，就趿拉着鞋出门相迎，把王符拉在自己座位上，相谈甚欢，把堂堂太守晾在一旁。因此，就有了"徒见二千石，不如一缝掖"的说法，意思是高官厚禄的朝廷大员，还不如穿大袂单衣的穷书生。

《潜夫论》具有很高的史学价值，展现的东汉边疆战争、选举实况、民风民俗、官场内幕等，可以补足、修正正史中欠缺、失真的部分，能让我们真切地触摸、感受东汉中晚期的历史。

比如《救边》篇，传神地刻画了朝廷召集群臣讨论边事时，群臣你看我、我看你，都等着皇帝下旨意的场景。西北前线，羌人已经"深入多杀"了，这边的讨论对策却"日晏时移，议无所定"，天都黑了，还没有议定该怎么办。"后得小安，则恬然弃忘"，只要还能苟安，大臣们就开心忘怀了。朝廷的无能颠顸，群臣的明哲保身，跃然纸上，把正史未载的场景生动地传达给后人。

小贴士

张觉的《潜夫论汇校集注》堪称《潜夫论》研究的集大成之作。张觉严格使用第一手材料进行汇校,并写成校勘记,使读者能够充分了解各重要版本之间的文字异同。除了内容丰富的笺注及附录,还收入了很多通行校注本没有的珍贵资料,适合进一步研究。张觉、尤婷婷、杨晶导读注译的《潜夫论》则面向大众读者,注释简明,译文流畅,没有古文基础也可畅读全书。此外,还可参看王符的老乡马世年译注的《潜夫论》。

列子

搜神记

魏晋

肘后备急方

《列子》
杞人忧天之后发生了什么？

杞国有个人，成天担心天会崩塌坠落，于是吃不下饭，睡不着觉。

对，这就是成语"杞人忧天"，出自《列子》一书，今天常用来讽刺缺乏根据却产生不必要忧虑的行为和人。

其实，这个故事还没讲完。

接下来，另外一个人去开解他：天呢，是气的积存，没有什么地方是没有气的。你成天生活在气当中，干吗要担心气的崩塌呢？

忧天之人说：天真的是气的积存吗？如果是这样的话，为什么日月星辰不掉下来呢？

开解之人说：日月星辰只不过是气当中能发光、能照亮的那部分气，即使它们掉下来，也不会伤到人的。

好吧，但愿天是这样的。那么地呢？地要是塌陷了，可怎么办？

地是一块块物质积存而成的，充实得很，没有一丝空隙。你成天在这些块块上行走坐卧，怎么会觉得它要塌陷呢？

工作做通了，二人都很开心。

故事继续。

有位叫长庐子的人评价说：既然知道天是气的积存，地是形体的积存，又怎么可以说世间事物万古不坏呢？也就是说，开解之人没说到点儿上，天和地是会"坏掉"的，杞人忧天，忧得有道理。

列子最后总结：说天地会毁灭，荒谬；说天地不会毁灭，也荒谬。天地毁坏不毁坏，这是我不了解，也不可能了解的。如同人活着不知死后事，人死了不知活人的事，天地坏不坏这样的问题，还是别往心里去了吧。意思是，取消问题，就不会忧这忧那了。

从完整的故事里可见，杞人忧天背后是古人对自然、对人生终极问题的思考。从今天的视角看，长庐子说得对，太阳系、银河系，地球、月球，世间万物都会毁灭。而列子的态度则是，对搞不清楚的问题不要去思考。这就好像庄子说的："吾生也有涯，而知也无涯。以有涯随无涯，殆已！"求知求到无边无际，就危险了。

杞人忧天这个故事，充分反映出列子"贵虚"的思想，用虚无的态度去观照世间万物。这种学说跟庄子很相近——在《庄子》一书中，列子出现了22次，但《荀子·非十二子》《史记》等书都无一字提及列子，因此不少人怀疑历史上到底有没有列子这个人。这也导致《列子》这本书的情况比较复杂。

学界共识，列子其人是真实存在的，本名列御寇，生平不详。《汉书·艺文志》著录的《列子》8篇，是经过刘向、刘歆父子整理的，早早就散佚了。今天流行的《列子》一书，虽然也是8篇，包括《天瑞》《黄帝》《周穆王》《仲尼》《汤问》《力命》《杨朱》《说符》，但已非原书，是后人编纂的，或者按照传统的说法，是伪造的。

东晋时期给《列子》作注的学者张湛说，他所注释的《列子》，是他爷爷在东晋初年从岳父王宏以及王宏的弟弟王弼等人的家里发现的，经过他的一番整合、校勘，"始得齐备"。而王宏、王弼家的书，又是"建安七子"之一王粲的旧藏。

这种说法，很多学者不信，而是怀疑这书就是张湛伪造的，或者这书是伪书，张湛只不过是上当受骗的"受害者"罢了。今天的读者不用去管这些官司，而是要明白，即便是伪书也有它的价值，起码作伪者拿来作伪的材料，不可能全是编造的，还是得有所根据，还是保存了当时一些史料的。正如一位收藏家说过的：赝品中也会有些许的真实。

现代学者马叙伦分析，《列子》一书出现得晚而散佚得早。魏晋以来，有好事之徒从《管子》《晏子》《论语》《山海经》《墨子》《庄子》《尸佼》《韩非子》《吕氏春秋》《韩诗外传》等古书中抽取素材，加以剪裁，用今天的话来说就是"洗稿"，再糅合魏晋时期的一些学说而成书。这是比较符合客观实际的论断。

《列子》据以成书的原始材料，除了马叙伦所列举的之外，还有一些当时能看到而后来亡佚的古籍，比如《汤问》《说符》

的某些章节，既不见于今日所传先秦两汉之书，也不是魏晋人思想的反映，只能认为伪作《列子》的人引用了其他古书的内容。

这么一本"大拼盘"《列子》，哲学思维水准远远低于《老子》《庄子》，但是胜在故事性、趣味性、猎奇性上。全书近百则寓言故事，很多成为成语，今天还在用，比如愚公移山、两小儿辩日、余音绕梁、高山流水、杞人忧天、歧路亡羊、疑邻盗斧、纪昌学射……故事大多精练有深意。作家王蒙将《列子》称为"道家言辞精辟的段子手、具有民间风趣的故事大匠、中华奇思锦绣的编织人"。

比如愚公移山，故事性很强，人物性格、情节发展，一应俱全。首先从二山拦路说起，以"方七百里，高万仞"凸显移山之难，而人物的活动、故事情节的发展则是以二山为背景展开的。

移山的过程写得曲折有致：先写妻子献疑，反衬愚公的决心，使文章顿起波澜；再写河曲智叟的嘲笑，寥寥数语，使故事一波三折；最妙的是，中间插进邻居男童"跳往助之"的细节，给文章增添了几分童趣。正如清代学者方东树评价的，"叙事能叙得磊落跌宕中又插入闲情，分外远致"。

今天读《列子》，主要读它叙事的文势起伏，波涌浪翻，洋洋洒洒，自然界的草木山川，人世间的传闻逸事，一经作者描摹点染，即成佳趣。难怪清代学者刘熙载说《列子》"人鲜不读，读鲜不嗜"——人很少不读《列子》的，读了很少不喜欢上这本书的。

小贴士

　　杨伯峻在北京大学中文系读书时就基本写成了《列子集释》的初稿。这本书汇集张湛、卢重玄、陈景元等人的注解及释文,并在附录中辑录了历代有价值的序文和辨伪文字,校勘之精当、训释之准确、资料之详尽,堪称《列子》注本集大成者,无论是初学者还是专业研究者,必当读之。叶蓓卿译注的《列子》则以《列子集释》为底本,吸收借鉴了古人与今人的研究成果,着眼于文化普及,评析文字别出新意、灵动飞扬,有助于读者深化对列子思想的理解,书后还附有寓言鉴赏。蔡志忠的漫画《列子说》,文字简洁,画风清透,通俗易懂,使读者在笑声中领略《列子》的微言大义。

《搜神记》

写的是鬼神，讲的是人伦

神话故事，很多时候，中西相通。

话说河南濮阳人吴猛，人称吴真人，身怀道术。有一次，他带着弟子要过江回江西老家，江水很急，无法渡过。吴猛见状，朝江水挥动白羽扇，江水两分，中间出现一条路。吴猛带着大家从容地走了过去。过江之后，江水才重新合并流了回来。

这个出自《搜神记》的故事，与《出埃及记》中摩西带领大家过红海的记载，何其相似。东西方智慧，在此灵犀相汇。

作为汉魏六朝志怪小说的代表作，《搜神记》流传千百年，对后世文学产生巨大影响。所谓"志怪"，就是专记那些神异灵怪之事。虽然"子不语怪力乱神"，但是架不住很多人就是爱听爱看这类故事，而且不光民间喜欢，很多知识精英也颇好此道。比如《搜神记》的作者干宝，按照《晋书》的记载，东晋时期，曾领衔修撰国史，著有《晋纪》10卷，"其书简略，直而能婉，咸称良史"。

这么一位历史学家，却因有感于生死之事，"遂撰集古今神祇灵异人物变化，名为《搜神记》，凡三十卷"。翻开该书，触目所及，鬼神气息浓烈，灵异事件充斥。但内容并非只为了猎奇，不少故事很有现实意义。

比如曾进入中学语文课本的《宋定伯卖鬼》，讲述南阳少年宋定伯夜行逢鬼，经过一番机智较量，最终将鬼制伏卖掉的故事。当鬼被宋定伯不断欺骗时，对读者来说，会获得一种愉悦的阅读快感。而宋定伯给自己贴的"新鬼"标签，则有一种"用魔法打败魔法"的趣味。

《巨灵劈华山》里，因为华山挡住了黄河河道，河神巨灵手劈山的上部，脚踢山的下部，将华山一分为二，成为太华山、少华山两座山，黄河这才顺利流过。这反映了古人囿于技术水平低，希望铲除障碍、改造自然的美好愿望。

《杨伯雍种玉》里，因为山上缺水，洛阳人杨伯雍就不辞辛苦地汲水，在山坡上摆摊，为过路人提供免费茶水。后来，有人送他一斗石子，让他种下。杨伯雍照做之后，石田中长出了美玉。这赞美的是好人终究会得到幸福。

有学者统计过，《搜神记》464则故事中，直接涉及鬼神的占一半左右。而这些鬼神异人，又可以分为六类。

第一类，始祖。如神农鞭百草、赤松子掌管雨水、陶安公铸冶、宁封子出五色烟等，这些华夏始祖，敢于为造福民众而与天斗、与地斗，创造出惠及万民的业绩。

第二类，仙人。如师门、冠先、琴高、刘根、偓佺、彭祖、葛由、于吉、左慈、葛玄等，他们不仅成仙享受长生，而且会各种法术，周济救急是其特点。

第三类，复活。冠先被宋景公所杀，数十年后复活；徐光被孙琳所杀，后复活作大风把孙琳的车吹倒；张璞二女投水后复活；李娥死后十四日复活……

第四类，鬼魂。颍川太守史祈的父母死而为鬼。丹阳丁氏女被虐待自杀而为鬼。颛顼氏有三子，死而为疫鬼：一居江水，为疟鬼；一居若水，为魍魉鬼；一居人宫室，善惊人小儿，为小鬼。

第五类，神仙下凡。这类以仙女居多，有助园客养蚕的"神女"，有助孝子董永织缣的"天之织女"，有与弦超结为夫妻的"天上玉女"。

第六类，精怪。这是一些人或动植物因获得某种超自然力而化为带有神秘色彩的灵异精怪，如"马化狐""人产龙""马生人""女子化男""木生人状""狗作人言""女化蚕""人化鳖""顿丘鬼魅""客化老狸"等。

这些形形色色、光怪陆离的鬼神形象，大多被干宝塑造成或善或恶的伦理典型。而支配这些鬼神行为的根本原则是对道德的尊崇、对邪恶的鞭笞。《搜神记》讲鬼神的故事只是形式，阐发神道以警示人伦才是目的。

对此，鲁迅先生分析得在理："盖当时以为幽明虽殊途，而人鬼乃皆实有，故其叙述异事，与记载人间常事，自视固无诚妄之别矣。"也就是说，在以干宝为代表的魏晋人士的头脑里，记录神怪，与描写人间，没什么差别，只要合乎当时主流的伦理规范就能获得认可。

《搜神记》的原书到宋代散佚了一部分，今天我们看到的20卷本《搜神记》，是明代人从《北堂书钞》《艺文类聚》《初学记》《法苑珠林》等类书中辑补而成的。今天，我们读这本书，更多应该关注它的叙事技巧。

魏晋人喜欢辑录异闻，并不是有意识地写小说，所以不仅对那些零星琐碎的东西，只用三言两语来记述，就是一般的故事，也不过粗陈梗概，仍属"丛残小语"的性质。但《搜神记》大多数篇章都是有头有尾、情节完整的小故事，其中有不少篇章情节相当曲折生动，避免了平铺直叙，使故事波澜起伏，前后照应，收到了引人入胜的艺术效果，如《三王墓》《韩凭夫妇》《千日酒》《李寄斩蛇》都写得较好。

尤其《三王墓》，是《搜神记》中最悲壮的侠义小说，讲述了干将莫邪的故事。《列士传》《列异传》等书都写过，《搜神记》中的故事与这两者大体相同，但增加了许多细节和具体场面的描写，显得更加生动，故事也因之广为流传。

因此，《四库全书总目提要》在评论《搜神记》时才感慨道，与同时期的同类书相比，"其书叙事多古雅""其文斐然可观"。

小贴士

马银琴译注的《搜神记》，参校了大量前人相关译注，题解清晰，注释详细，译文准确，可以满足一般读者的阅读需求。其实，可以跳出《搜神记》来看与之相关的著作。比如，鲁迅先生很喜欢《搜神记》，他的小说集《故事新编》中《铸剑》一篇，就改编自《搜神记》中的《三王墓》，写得十分精彩，可以参看。另外，鲁迅先生的《中国小说史略》很值得翻阅——从宏观角度观照以《搜神记》为代表的魏晋时期的小说，能让人对《搜神记》创作的时代背景、所处的发展阶段有一个全面而深刻的认识。

《肘后备急方》

古代急救手册，今天还在救人

凭借青蒿素的研发，中国药学家屠呦呦获得了2015年的"诺贝尔生理学或医学奖"。

青蒿素可以有效降低疟疾患者的死亡率。2000年以来，世界卫生组织把青蒿素类药物作为首选抗疟药物。2000年至2015年期间，全球各年龄组危险人群中疟疾死亡率下降了60%，5岁以下儿童死亡率下降了65%。对此，青蒿素功不可没。

值得一提的是，获奖后，屠呦呦说，她研发青蒿素的灵感，来自东晋学者葛洪的著作《肘后备急方》。那么，在问世17个世纪后依然能发挥效力的《肘后备急方》，是本什么样的书呢？

先说作者。葛洪，东晋时期著名学者，或者说是一个百科全书式的学者，治学领域广泛。

首先，他是道教思想家，精通炼丹术、医术；其次，又是颇有文采的文学家，撰有碑诔诗赋百卷、各种文告30卷；此外，还是卓有成就的史学家，撰有各种杂史300多卷。

《肘后备急方》虽并不是最能代表葛洪思想的著作，但称得上是中国第一部临床急救手册。书名就能说明这一点——肘后，意思是放在手肘后，随时可拿起来翻看；"肘后备急方"就是指可以常常带在身边的应急实用手册，记述了各种急性病症或某些慢性病急性发作的治疗方药、针灸、外治等法，蕴含了丰富的医学、护理学思想，保留了许多至今仍行之有效的经验、方法和技术。

《肘后备急方》的原书有3卷，载方86首，后经梁陶弘景增补，达到101首；金朝的杨用道又从北宋唐慎微的《证类本草》中，取部分单验方加在各篇之后，列为"附方"，因而扩为8卷，名《附广肘后备急方》。不过，后世各传本标名依然为《肘后备急方》。

作为一部"备急"之书，旨在备"贫家"所用，因此，一方面，书中大量采用当时的口语进行写作，即便今天读来，依然很好理解；另一方面，书中大量救急用的方子都是葛洪在行医、游历的过程中收集和筛选出来的，简便易操作不说，他还特地挑选了一些比较容易弄到的药物，即使必须花钱买也很便宜。对此，《四库全书总目提要》表赞道："不用难得之药，简要易明。"

比如，书中记载了最早的口对口人工呼吸法，以抢救上吊的人："徐徐抱解其绳……悬其发……塞两鼻孔，以芦管内其口中至咽，令人嘘之。有顷，其腹中砻砻转，或是通气也，其手捞人，当益坚捉持，更递嘘之。"在这里，悬发是使呼吸道通畅，塞鼻孔是为了防漏，用芦管用力吹气，与现代气管插管法有异曲同工之妙。

还有催吐法。书中说："治食野葛已死者方。以物开口，取鸡子三枚，和以灌之，须臾吐野葛出。"葛氏首创的口服催吐法，至今仍是抢救急性中毒最及时有效的方法。

舌下含药护治心脏病法，《肘后备急方》里也有："有五膈丸方：麦门冬十分去心，甘草十分，炙，椒、远志、附子、炮干姜、人参、桂、细辛各六分，捣筛，以上好蜜丸，如弹丸，以一丸含，稍稍咽其汁，日三丸，服之，主短气、心胸满、心下坚、冷气也。"据考证，这是最早的舌下含剂护治心脏病法。

《肘后备急方》十分重视未病先防，强调积极主动或被动免疫，事先服食某些药物或采取某些措施，提高机体的免疫能力，防止病邪侵袭。比如，提倡用狂犬脑组织治疗狂犬病——"乃杀所咬犬，取脑敷之，后不复发"，被认为是中国免疫思想的萌芽。

在疾病发生初期，应早发现、早诊断、早护治，以防止疾病的发展与传变。这一点，书中如此说道："治伤寒及时气瘟病，及头痛，壮热脉大，始得一日方……若初觉头痛、肉热、脉洪，起一二日，便作葱豉汤……若已六七日，热极，心下烦闷，狂言见鬼欲起走。"这说明，伤寒早期，病位浅，病情较轻，正气未衰，及时诊疗和护理，可阻止病情的发展；反之，不及早护治，病邪深入，疾病传变则复杂难治。

在传染病防治上，《肘后备急方》提出燃艾消毒法，即用艾熏环境以净化空气，预防疫病的传播；在饮食护理上，记载了大量的食疗方，如鲤鱼小豆汤、生藕汁蜂蜜饮、鸡子苦饮等。

值得注意的是，书中记载了食疗禁忌方面的内容，至今对临床仍有重要的指导意义。比如，腹水患者勿食盐、节饮和忌酒，这与现代腹水患者减少钠盐及液体量摄入的饮食护理不谋而合。

至于导尿术、洗胃术、疮痈引流术、捏脊疗法等，《肘后备急方》所蕴含的这些丰富内容，都很值得后世学习与利用，而且提供了便利。

在《肘后备急方》中，每一服药方都有着精准的数量描述，比如在对伤寒论证时，葛洪写道："取旨兑根叶合捣，三升许，和之真丹一两，水一升，合煮，绞取汁。"关于药物品种、取量、服用方法都在书中详细叙述。即便有的记载不那么详细，也提供了解决问题的思路。比如，青蒿素的最终提取依靠的虽然是传统中医和现代医学的结合，但也不能否认，最初的灵感是来源于《肘后备急方》中"青蒿一握，以水二升渍，绞取汁，尽服之"这15个字。

正是这句话，让屠呦呦联想到这么几个问题："其一，中药有很多品种，青蒿到底是蒿属中的哪一种？其二，青蒿的药用部分，《肘后备急方》提到的绞汁，到底绞的是哪部分？其三，青蒿采收季节对药效有什么影响？其四，最有效的提取方法是什么？"

经过反复思考，经历多次失败，通过改用低沸点溶剂的提取方法，富集了青蒿的抗疟组分，屠呦呦团队最终在1972年发现了青蒿素，挽救了全球数百万人的生命。正如她所说，青蒿素的发现是中国传统医学给人类的一份礼物，传统中医药学是可以为现代医学的发展带来巨大贡献的。

小贴士

葛洪研究会把葛洪的另一代表作《抱朴子内篇》与《肘后备急方》合成一书,编译成《抱朴子内篇·肘后备急方今译》,译成白话文,并有注释,为阅读和理解提供了便利。沈澍农在广泛汲取历代医学家学术精华的基础上,对本书进行了多年的研究,予以全方位解读,推出《肘后备急方校注》,用功甚勤,对字词解释较多,很有参考意义。耿庆山主编的《葛洪肘后备急方选萃》选取了原书的一部分药方加以介绍,并未录用那些有争议的药方,比较严谨。此外,该书对葛洪的学术贡献进行了探讨,还配有141幅彩色药图。

水经注

洛阳伽蓝记

北朝

齐民要术

颜氏家训

《水经注》
宇宙未有之奇书

河流在人类文明发展过程中起到的作用，怎么强调都不为过。

西汉的韩婴在《韩诗外传》中这样称赞河流："天地以成，群物以生，国家以宁，万事以平。"许多古籍都对河流有大量的记载，《诗经》《山海经》《尚书》《说文解字》……代不乏书。

大概在东汉、三国时期，出现了一部《水经》，1万多字，记载了137条水道的发源、流程、归宿，作者已不可考。

北魏时期，有位叫郦道元的官员，觉得这书写得太粗，又缺乏触类旁通的信息，于是搜集相关资料，重新编排与注释，涉及大小河流、各种水体达3000多条，成书40卷，共计30多万字，构筑了一个完整的中古地理系统。

这就是《水经注》。成书之后，命运多舛：先是经历了50多年兵荒马乱，好容易挨到了隋朝，国家才予以收藏；又经过了500多年，此书才从手抄本过渡到印刷本；但当它第一次被印刷出来时，已经残缺不全了；又经过7个多世纪，在许多学者的接力校勘后，才基本上恢复了本来面目。

为什么经过如此颠沛流离之后，《水经注》还能够基本完整地流传至今？原因很简单，这是郦道元在为官戎马之暇，利用各种地方文献和实地考察所得信息而写成的"宇宙未有之奇书"

（清初地理学家刘献廷语）。为了写作该书，郦道元广泛搜集、占有资料，仅从《水经注》各篇列出的资料来看，就超过430种书。

清代学者沈德潜认为，在我国古代记载河流水道的著述中，《水经注》可谓"不可无一，不容有二"。

为什么这么说呢？书中对每条水道的发源、流向、二三级支流的汇入、最终归宿等，都一一做了详细而有条不紊的描述；对水道流经的大小城邑及其建置沿革、战争遗址等，也做了详尽记录；不仅如此，还对许多水道流域内的自然环境——山脉、溪谷、川原、气候、土壤、植被等，以及人文景观——宫殿、苑囿、园圃、寺庙、桥梁、碑刻等，进行了细致描写；同时，对当地的水利工程、风土人情、神话传说、物产资源、民歌谣谚也不遗余力地进行了记载。对此，英国学者李约瑟的评价是——"地理学的广泛描述"。

其中，《水经注》对研究地理的历史变迁，有很重要的参考价值。

比如瀑布，《水经注》记载了60多处瀑布，不仅位置准确，还记载了不少瀑布的高度。利用这一点，和今天的位置进行对照，可以精确计算出瀑布后退的速度，从而算出河流溯源侵蚀的速度。

历史地理学家史念海就曾根据《水经注》记载的壶口瀑布的位置，与唐代书籍《元和郡县志》记载的位置进行对比，然后再和现在对比。计算的结果是,从北魏孝昌三年(527年)到唐元和八年(813年)之间的286年中,壶口瀑布平均每年退缩5.1米。

《水经注》对河流水文的记载,还包括含沙量、水位、流速、冰期等方面。以黄河为例,《水经注》有一项著名的记录,不知为多少著作所征引,即卷一《河水》所说的:"河水浊,清澄一石水,六斗泥。"由此可见,黄河最晚到西汉时期,就已经是泥沙俱下,浑浊如斯了。

除了自然地理,《水经注》繁征博引,逸趣横生,留下了不少人文地理的内容。凡一水流经之地,郦道元都会考察流域内有历史意义的事件,记述奇闻逸事。古代的神话与传说,往往赖以保存。

不同于一般的旅行记载,《水经注》可当作优美的文学作品来看。郦道元历来被认为是描写风景的高手。他不用前人的陈词滥调,追求新颖的表达方式,比如描写河流的清澈,他用的话是"鱼若空悬"。唐代柳宗元在《永州八记》中描写溪流的清澈时,说的是:"潭中鱼可百许头,皆若空游而无所依。"这就是化用郦道元的表述。

对景致的整体描写更能看出郦道元运笔的清新。《水经》中有一句"清水出河内修武县之北黑山",他是这么注解的:"黑山在县北白鹿山东,清水所出也。上承诸陂散泉,积以成川,南流,西南屈。瀑布乘岩,悬河注壑,二十余丈,雷赴之声,震动山谷。左右石壁层深，兽迹不交。隍中散水雾合，视不见底。南峰北岭，多结禅栖之士；东岩西谷，又是刹灵之图。竹柏之怀，与神心妙远；仁智之性，共山水效深，更为胜处也。其水历涧飞流，清泠洞观，谓之清水矣。"

书中似此之处，应接不暇，而且很少有雷同之处，皆因郦道元追求语言多变。以瀑布为例，《水经注》里用过的指代词语有"悬流""悬水""悬涛""悬泉""悬波""飞清"等。如此变化不穷，难怪清初学者胡渭在谈及读《水经注》的感受时说："至今读之，勃勃有生气。"

特别值得称道的是，郦道元一生在北魏做官，从未到过南方，但基本上按照大一统的汉王朝的疆域来撰写《水经注》。当时南北对峙，战争频仍，但在《水经注》中，郦道元细腻地描写南朝的江山风物，反映出他希望祖国统一的心声。因此，在这部地理著作中，浸透着浓浓的爱国主义情怀，足以称为不朽。

小贴士

著名历史地理学家、郦学研究泰斗陈桥驿,在《水经注》的研究上倾注了毕生精力。他的《水经注校证》以《四部丛刊》本为底本,参考35种版本,利用大量地方志和其他文献资料,融汇60余年的研治体会,吸收王国维、胡适、岑仲勉、森鹿三等中外学者的学术成果,对《水经注》进行标点,撰写校证。各卷末的校证包括校异文、辨正误、补异文、考原委等,功力甚深。陈桥驿、叶光庭、叶扬、王东译注的《水经注》是最新的注本,题解介绍各卷河流,条理清晰;注释追根溯源,有助于加深理解;译文明白晓畅,简洁通达,让普通读者也能轻松读懂《水经注》。此外,李晓杰主编的《水经注校笺图释》按现代学术要求,编绘了大比例尺《水经注》渭水流域图组,科学精准,可谓有图有真相。

《洛阳伽蓝记》
解开寺院背后的兴衰密码

北魏孝明帝时期（516—528年），都城洛阳来了个波斯僧人菩提达摩。当时洛阳城里寺庙很多，菩提达摩一时看花了眼。当地人说，这算啥，你还没去永宁寺呢。

闻听此言，菩提达摩立马赶去永宁寺，还没到近前，就被震惊了："见金盘炫日，光照云表；宝铎含风，响出天外。"那是寺中一座九层佛塔，高90丈，塔顶上有表刹，又高出10丈。连装饰带佛塔，足足100丈高，相当于今天的二百七八十米，妥妥的洛阳地标、彼时的摩天大厦。佛塔上上下下挂着130个铜铃，风吹铃响，十几里外都能听到。

佛塔北面有一座佛殿，殿中有一尊高大的饰金佛像、10尊和人体等高的佛像、两尊玉雕的佛像、3尊珍珠绣成的佛像、5尊金线编织成的佛像，制作精巧，冠绝当世。

此外，还有寺僧的住房、华丽的楼台1000多间，无不雕梁画栋，难以言表。至于绿化情况，更是松柏参天，香草护阶。寺庙的碑文上写着："须弥宝殿，兜率净宫，莫尚于斯也。"大意是，印度的宝殿、天界的宫室，没有一座能超过永宁寺。

逛了一圈下来，菩提达摩赞叹道：真是鬼斧神工啊！我游历过很多国家，几乎走遍天下，从未见过如此恢宏气派的寺院，任何佛教圣地都没有这么壮丽的建筑啊！口念南无阿弥陀佛，双手合掌，一连好几天，赞颂不已。

这个故事来自《洛阳伽蓝记》一书，作者是杨衒之，正史里没有他的记载。关于他的事迹，我们知道得很少，生卒年都不清楚，推测活动年代主要在北魏末年到东魏这一段时间。

伽蓝，是梵文僧伽蓝摩的简称，指的是寺院内的土地和建筑物，代指寺院。顾名思义，这本书介绍的是洛阳寺院的情况。

我们都很熟悉杜牧的名句——"南朝四百八十寺，多少楼台烟雨中"。这说的是南朝崇佛盛况，北朝其实也不遑多让。

北魏时，孝文帝从平城迁都到洛阳后，佛教大昌。仅20多年间，北方寺院就增加到1.3万多所，京城洛阳内外，更是达到1000多所。

534年，北魏分裂为东魏和西魏。东魏武定五年（547年），杨衒之出差到洛阳，看到昔日繁华的都市，已成一片废墟。野兽出没其中，众鸟在此安巢。曾经金碧辉煌的寺庙楼塔，破败失修，长满了荆棘野草。

登临过永宁寺佛塔的杨衒之，"感念废兴，因捃拾旧闻，追叙故迹"，回忆过去的盛况，写下《洛阳伽蓝记》5卷，想着给后人留下一些历史资料，并表达自己对王朝兴衰的看法。

之前洛阳佛教全盛之时，寺庙太多了，不能全写，所以杨衒之只选择那些有代表性的寺庙去写，先城内，后城外，城外又以东南西北为序。在文章结构上,先写立寺人、方位、建筑、环境,再写与之有关的人和事、传说和逸闻,有条不紊,井然有序。《四库全书总目提要》就此评说:"体例绝为明晰,其文秾丽秀逸,烦而不厌,可与郦道元《水经注》肩随。"

书中所写寺院,有数千字长文,也有百余字短章。而所有记载和描述,又基本统一在"帝王迷信佛教导致国家衰亡"这样一个主题之下。

比如全书开篇的永宁寺,通过描写其规模宏大,连外来的和尚都为之倾倒,来说明"营建过度"的本质,而如此奢侈建寺,并未带来福报。紧接着,书中就记载了与该寺有关的重大历史事变——将领的叛乱、皇帝的被杀、朝政的争夺,最后北魏分裂。而所有的事件,都是从北魏君臣的佞佛建寺、鱼肉百姓发端的。

唐代僧人释道宣认为,杨衒之写《洛阳伽蓝记》的目的,就在于揭露王公皇族建造了那么多寺庙佛塔,哪一样的背后不是"百姓卖儿贴妇钱"?

《洛阳伽蓝记》写了几十座寺庙,如果不在写法上用心,很容易写得雷同。杨衒之精准地把握住了各座寺院的特征,有时只用淡淡的几笔就能勾勒出来。

永宁寺,极写浮屠之高,登顶后,"下临云雨";景乐寺,建筑一笔带过,却用不少篇幅描述寺中令人目乱睛迷的奇术、幻术;法云寺,由西域乌场国昙摩罗所立,特别点出"胡饰"特征；高阳王寺，描写了中国古典建筑最突出的特征——"飞檐反宇"；大觉寺，突出写其形势紧要，"实为胜地"……

《洛阳伽蓝记》为后世推重，还有一点，就是它提供了研究中国佛教史和中外关系史的宝贵资料。我们今天对法显和玄奘的西行求法故事很熟悉，但其实在他们之间，还有一位宋云，也做了同样的事。

宋云是敦煌人，神龟元年（518年）年底，受朝廷委派，和惠生等人前往天竺求取真经。他们从洛阳出发，一路西行，经河州、柴达木盆地，过若羌，沿昆仑山北麓越帕米尔，到达巴基斯坦白沙瓦一带，于正光三年（522年）回国，带回大乘经典170部，并将沿途所见所闻和各国风土人情写成《宋云家纪》一书。这是研究我国北魏时期与中亚、阿富汗、印度、巴基斯坦等地诸国的政治、经济、交通、文化、民俗风情的宝贵文献。可惜此书后来佚失了，幸赖《洛阳伽蓝记》的引用才保存了一个大概。

小贴士

《洛阳伽蓝记校释》是我国杰出的语言学家、文献学家周祖谟花费了十几年工夫写成的著作,是《洛阳伽蓝记》的经典校注本,被誉为"古籍注释的标准著作"。在书中,周祖谟校勘文字,定其是非,注释精详。值得一提的是,周祖谟把文字"翻译"为"导览图",参考原文描述、前代书籍和考古勘察的结果,绘制《北魏洛阳伽蓝图》,将书中所涉地名、宫殿、寺宇、官署、坊里、住宅等的地理位置直观地呈现在读者面前。"编辑中的学者"周振甫以周祖谟的《洛阳伽蓝记》校勘本为底本,写出《洛阳伽蓝记校释今译》,更便于大众阅读。此外,还可参看尚荣译注的《洛阳伽蓝记》。

《齐民要术》

贾思勰堪称"农业科技特派员"

孙悟空当过弼马温,这是大家熟知的。但这个管理马匹的官职,为什么叫这个名字呢?

原来,弼马温是"避马瘟"的谐音,指的是让马不得瘟疫。至于让孙猴子来当这个弼马温,也是有讲究的。

什么讲究?北魏的《齐民要术》里说了:"常系猕猴于马坊,令马不畏,辟恶,消百病也。"也就说,在马厩里放只猴子,能使马不得病。这种做法能否奏效,有无依据,不得而知,但的确是古人认可的道理。

如果《齐民要术》里充斥的都是这种虽有解释力却难以验证的说法,那它绝不会传承千年、影响不辍。

北魏贾思勰在533—544年之间撰写的这部《齐民要术》,是我国乃至世界现存最早、最完整的农学专著。全书共10卷92篇,11万多字,记载了6世纪及之前黄河中下游关于谷物、蔬菜、林木的耕作、选育、栽培的方法,以及畜牧、渔业、酿造、烹调等方面的技术经验。农林牧副渔,概括无遗,不愧是一部"农家知识大全"。

贾思勰是今天中国的蔬菜之乡——山东寿光人,生平资料不多,做官做到了高阳太守。其人有两个特点,一个是醉心农业,一个是饱读诗书。那么，这两个特点是怎么看出来的呢？都是从《齐民要术》里看出来的。

贾思勰生活的年代，是北魏即将分裂为东西魏的时期，战乱频仍、政局混乱，生产凋敝、民生多艰。当此际，贾思勰不想着浑水摸鱼，而是全面记述农业生产技术的各个方面和环节，为的是助民致富。这一点从书名也能看出来：齐民的意思是平民，要术的意思是"有助于提升生活水平的重要技术"。

贾思勰看的书多，是很多人翻看《齐民要术》的第一感觉。他引用的每一句话，都标明出处，决不掠美，方便读者找出根据来对证，态度极为认真、负责、严谨。据统计，全书引用各种书籍162种，平均每种10卷的话，也快2000卷了。因此，前人称贾思勰"腹中似有数千卷书者"，并非过誉。

贾思勰所引用的这些书，很多已经散佚，幸赖《齐民要术》得以保存"吉光片羽"，如两汉时期的《氾胜之书》《四民月令》。

虽然引用了这么多材料，但《齐民要术》的结构并不混乱，皆因为贾思勰精心编排、剪裁得当，使得层次分明、体系严整。全书结构大致相同，每一篇都由篇题、正文、引用文献三部分组成。

篇题，解释本篇作为主题的动植物，介绍它们在其他书中被称作什么以及性状特征等，还记录了相关的故事。

正文部分是精华。贾思勰根据自己访问所得以及亲身经验，详细记述了农林牧副渔各类产品的特点、生产过程以及涉及的技术知识。这些叙述，绝大多数都是第一手资料。

引用文献，就是从其他书籍文献中摘录相关资料，对正文加以补充。

如此精心的排兵布阵，《齐民要术》到底讲述了什么"致富经"呢？一句话，精确、细致地总结了中国农业精耕细作的优良传统。把这一点体现得淋漓尽致的，莫过于全书篇幅最长的《种谷》篇了。

这一篇详细介绍了黄河中下游平原谷物栽培的技术知识。贾思勰提出，要"锄不厌数，周而复始，勿以无草而暂停"（锄地，不单是为了锄草，而是使地均匀，结的籽实多），"苗高一尺，锋之"（锋是一种古农具，用来松土），"熟速刈，干速积。刈早，则镰伤；刈晚，则穗折；遇风，则收减；湿积，则藁烂；积晚，则损耗；连雨，则生耳"（庄稼熟了之后赶快收割，干了之后赶快堆起。收割太早，稿秸未干，损耗镰刀；收割太晚，穗子可能折断；遇到风，落粒就会严重，收获量随之减少；湿着堆积，稿秸会霉坏；堆积过晚，有种种损耗；要是遇着连绵雨，还会生芽）。

就这样，从除草到收获各个环节，贾思勰掰开揉碎了讲，就像今天活跃在田间地头的农业科技特派员一样。

贾思勰十分明白,农时紧密,一个环节都不能错过。他叮嘱道:如果农民缺少耕牛,赶不上雨季耕种,就用人力来拉犁。人多的,一天能耕30亩;少的,能耕13亩。

为了保证耕地的肥力和效率,贾思勰还在这一篇记载了"区种法"和"代田法"。前者是指在小面积土地上集中施肥、用水,来获得高产的密植耕作技术。后者是一种"轮替休耕制度",可以节省劳力,获得更好的收成。而在同时期的欧洲,农业还是单纯靠休耕来恢复地力,不讲轮作。至于轮作制,直到18世纪30年代才开始在英国实行。

总而言之,贾思勰希望农民按照他总结的做法去干,"顺天时,量地利,则用力少而成功多。任情返道,劳而无获"。

至于《齐民要术》在中国农书中的地位,《四库全书总目提要》引用前人评语称:"贾思勰著此书,专主民事,又旁摭异闻,多可观,在农家最峣(音同摇)然出其类。"峣然就是突出、特出的意思。可谓定评。

小贴士

1962年，石声汉完成了《齐民要术今释》一书，对《齐民要术》全书加以校勘，整理标点，对难读难懂的字句做了注解，把原著全部翻译成现代汉语。可以说，这是历史上第一次对《齐民要术》进行科学、全面的整理。日本研究《齐民要术》的权威西山武一看了该书一、二分册后，赞叹为"贾学之幸"。他写信给石声汉，告知他已在和熊代幸雄共同翻译的日译本《齐民要术》上册的结尾处，郑重声明"取消从前所说中国没有人研究《齐民要术》的话"。石声汉的女儿石定枎与学者谭光万在《齐民要术今释》基础上进行了补注，为各篇增加题解，增补注释，并将译文补充完整，成就了目前为止最权威的、便于读者阅读的《齐民要术》全注全译版本。同样积两代人之功研究《齐民要术》的还有缪启愉、缪桂龙父子，成果是《齐民要术译注》，可谓集大成之作。缪氏父子的《〈齐民要术〉史话》亦可参看。

《颜氏家训》
古代家长养娃攻略

南北朝时，义阳（今河南信阳）人朱詹，勤奋好学，但家中贫穷无钱，有时连续几天都不能生火煮饭，经常靠吃纸充饥。天冷没有被子盖，就抱着狗睡觉。狗也十分饥饿，就跑到外面去偷东西吃，朱詹大声呼唤也不见它回家，悲哀的叫声惊动四邻。

尽管如此，朱詹依旧没有荒废学业，经过苦学成为学士，官至镇南录事参军，后来成为梁元帝所尊重的人。

上面这个故事来自《颜氏家训》，作者颜之推。

颜之推讲这个故事，是为了教育颜家后人，要勤勉求学，才能自立于世。自己肚子里有学问，到哪儿都能吃得开。绝对不能依靠祖上的荫庇，更不能学那些不学无术的贵族子弟，天天涂脂抹粉，讲究吃讲究穿，没啥本事，却能靠父辈的特权当官，以至当时有这样一句话："登车不跌跤，可当著作郎；会说身体好，能做秘书长。"咱们颜家人可不能如此啊。

此类谆谆教诲之辞，《颜氏家训》中比比皆是。这是一部百科全书式的家庭教育书，分为7卷20篇，包括作者关于立身、治家、处世、为学的经验总结，在中国传统教育史上影响巨大，有"古今家训，以此为祖"的赞誉。

关于写作目的，颜之推说了，是要将自己一生的经验、心得系统整理出来，传给子孙后世，希望可以整顿门风，对后人有所帮助。

颜之推是山东临沂人，祖、父两代传习《周礼》《左传》之学。他受家学熏陶，博览群书，长大后先在南朝梁做官，后来到北齐做官；北齐被北周灭掉后，又在北周做官。隋朝统一天下后，接着在隋做官，最后卒于隋。

能以一身仕四朝，保持家业不坠，很不容易。因此，颜之推总结的立身行事各方面经验，对后人确实有一定的借鉴意义。清代学者王钺认为该书"篇篇药石，言言龟鉴，凡为人子弟者，当家置一册，奉为明训，不独颜氏"。此言不虚。

例如谈教育，《颜氏家训》从胎教讲起，怀孕时要听适合的音乐，饮食也要注意；在幼儿能看懂大人脸色、知道大人喜怒的时候，对他进行教育，做到令行禁止，这样等孩子长到几岁大时就不必施以体罚了；在求学阶段，不要自己亲自教孩子学习——这对今天一些家庭"不辅导时母慈子孝，一辅导就鸡飞狗跳"的情况，很有启发。

谈学习，颜之推认为是一辈子的事。小时候学习，精神专注，长大了思想容易分散，所以打小就要用功，不可坐失良机。他拿自己举例，7岁时背的一篇赋，到老都没忘。当然，中老年也不应放弃学习，他举了曹操老年勤学、公孙弘40多岁才开始读《春秋》等例子。借此，他劝诫子孙，从小就学习，好比日出之光；到老还学，好比秉烛夜行，总比闭着眼什么都看不见的人强。

谈交友，颜之推教导子孙要追慕贤人君子，只要比自己强，就要敬重人家，多向人家学习。这里他指出了一种现象，有的人对传闻中的人、远方的事很感兴趣，对亲眼所见的东西、对身边的人事则不放在心上；从小一起长大的人，如果谁成了贤达之士，往往不屑一顾；而处在他乡别县的人，哪怕只有些小名声，就伸长脖子渴望一见。其实，远处的可能还不如身边的优秀，外来的和尚不一定更会念经。

谈养生，对当时社会上流行的炼石服药以求长生的时尚做法，颜之推不以为然。在他看来，若能保养精神，起居有规律，穿衣冷暖适当，饮食有所禁忌，就可以了。他还强调，不要瞎吃补药。他举例说，最近有个叫王爱州的人，学人服用松脂，没有节制，结果因肠子堵塞而死。颜之推还讲了自己的一个养生方法：每天早起叩齿300次。今天讲牙齿保健，此法仍会被推荐。

谈家庭，颜之推反对重男轻女。他说一般人大都不愿意抚养女儿，生下的亲骨肉也要加以残害，难道这样干，老天还会赐福给你吗？天生众民，都是先辈传下的骨肉啊。

综上可知，虽然《颜氏家训》是颜之推写给颜家后人看的，但后世学者、读者都非常推重此书，即便是今天，为人父母，也值得一看。

从更广阔的视野看，作为身历南北二朝的学者，颜之推洞悉南方和北方学术的优劣之处，在当时南方浮华、北方粗疏的学风气氛中，写出的这部《颜氏家训》立论平实，记录下佛教流行、玄风再起、俗文字兴盛等情况，展示出一幅南北朝社会生活画卷，可补正史之不足。

《四库全书总目提要》评说该书："述立身治家之法，辨正时俗之谬，以训世人。"从治家，到正俗，再到醒世，一部家训全包了。

小贴士

王利器的《颜氏家训集解》(以下简称《集解》),参考众多文献,吸收前人重要的校勘成果,对《颜氏家训》进行了集大成式的整理。其集解的内容,既有对文义的疏通,对掌故的考证,又有对文字的校勘,对音韵的厘正,是《颜氏家训》极精善的读本。值得一提的是,《集解》附录部分的佚文、序跋等,对读者亦有重要的参考价值。此外,檀作文译注的《颜氏家训》站在王利器《集解》的肩膀上,简明晓畅,也值得一看。如果不想通读全书,黄永年《颜氏家训选译》是个不错的选择,属于初学入门读物。

文心雕龙

诗品

南朝

玉台新咏

《文心雕龙》

神思妙想都在吟咏之间

刘勰30岁那年做了一个梦。

在梦里，他手持丹漆礼器，追随孔子向南方而去。醒来之后，刘勰认为自己得到了圣人的启示：圣人这么难见，我竟然有幸在梦中相随，太荣幸了。他觉得自己有责任弘扬儒学、立言传道。

于是，刘勰开始动笔写作《文心雕龙》，时间是在南朝齐的末年。当时，他因为家贫投靠在南京附近的定林寺，已经10年了。这些年，刘勰一面整理佛经，一面发奋读书。所读之书固然也有佛教著作，但儒家经典和历代文学作品也没少读。

从东周开始，对于什么是文学，文学的作用、创作法则等，无数学者、作家从不同角度，做了大量探讨，但大都零散，不成系统。而文学本身的发展，对理论的总结也提出了急迫的需求。具体到南朝时期，社会上的文风重形式轻内容，对修辞之美倍加推崇，以至于文章越写越华丽，风格却越写越柔弱。对此，刘勰深恶痛绝，在儒家使命的指引下，决心纠谬补偏。

《文心雕龙》一书共50篇，3.7万余字，总结了《诗经》《楚辞》以来历代创作的经验，建立了自成体系的创作理论与批评理论，可分为四个部分。

前五篇，《原道》《征圣》《宗经》《正纬》《辨骚》，记录了刘勰评论文学的基本观点，强调写作要遵循"自然之道"，这个自然之道是沿着儒家圣人的思想而来的。因此，要学习儒家经典，它们既是各类文章的源头，也是文章写作的典范。

从第六篇《明诗》到第二十五篇《书记》，刘勰对诗、乐府、赋等30多种文体进行分析、评论，包括解释名称、追溯起源、叙述发展、褒贬作者，最后综合起来，说明特征，指出写作时应注意的要点。

接下来，从第二十六篇《神思》到第四十九篇《程器》，是《文心雕龙》最重要的部分，系统阐明了创作和批评的理论。

比如，在《神思》篇中，刘勰论述文章构思中思维与外界事物的互动关系，所谓"思理为妙，神与物游"，关键是打通作者思维，调动辞藻等表现手法，实现对创作对象的充分表现。

其中有言："神思方运，万途竞萌。规矩虚位，刻镂无形。登山则情满于山，观海则意溢于海，我才之多少，将与风云而并驱矣。"意思是，创作思维运转起来，任由情感、联想、虚构等手法驱使为文，所谓的创作规矩界限统统消失，文章雕琢的痕迹一概不见，创作主体和客体实现了圆融统一。这时，甭管有多少才华，都能在创作风云中尽情施展开来。

这样的创作境界一旦形成，就能打破时弊，冲破形式的束缚，任由情绪流动。好文章就此诞生了。正如法国拉鲁斯百科全书所言，该书"以一种时而隐奥、时而简洁并富于象征的手法，描写了文学的各种不同体裁的起源以及产生灵感的精神基础"。

第四部分是第五十篇《序志》，是全书的总序。读《文心雕龙》，可以先读这篇。刘勰上来就解释了书名的由来。"文心"指用心写作，"雕龙"意思是雕琢文章的功夫精深细致。然后，他说明了写作动机、对过去评论家著作的意见、本书的内容梗概，并对后代提出希望。

虽然刘勰看不上当时的文风，但也不能脱离时代的限制，写《文心雕龙》时全书采用了骈体文形式。大英百科全书评价该书是"中国第一部用骈体文写成的关于文学理论批评的长篇著作"。

骈体文讲究工整的四六对和用典。用典就是用典故。啥是四六对？举个例子，刘勰论艺术构思时说："吟咏之间，吐纳珠玉之声；眉睫之前，卷舒风云之色。"这就是四六对。通过这样的修辞来表现进入深思状态时作者的状态。当此时，珠玉一样的声音，风云一般的气色，都同时出现在作者的心头笔端。这是创作正酣的写照。

不可否认，这种华丽的形式有时确实会妨碍或制约内容的准确表达。对此，历代多有批评，认为刘勰为满足对偶的要求而错落文句、牵强附会、增减文字、改变事实。不过通观全书，这种现象终属少数，刘勰的文字表达总体还是很清楚的，不必苛之过深。

　　《文心雕龙》写成后,没有获得文坛的重视。快40岁的刘勰有些着急,想请当时的名作家、学术界领袖沈约帮忙宣传一下。但一介平民怎能见到当朝大官呢?刘勰就装扮成卖粥小贩,带着书稿,在沈约家附近的道旁等候。等沈约出门时,刘勰上前自荐。沈约拿来一看,拍案叫绝,认为该书深得文理,成天放在书桌上翻阅。《文心雕龙》这才流布开来。

小贴士

詹锳《文心雕龙义证》出版于20世纪80年代末,是一部融集校、汇注、集解性质于一体的著作。詹锳以个人之力,尽可能多地搜集了有关《文心雕龙》研究的文献,尤其是海外文献,被学界评为搜集文献极为丰富、融汇各家精华的集大成之作。这之前,已有很多名家铺路。清代黄叔琳写出《文心雕龙辑注》,荟萃各家校语和注释,成为一部最通行的刊本,流行百余年。民国时期,范文澜以黄叔琳注本为底本,写出《文心雕龙注》,并附铃木虎雄、赵万里、孙蜀丞诸家校语。抗日战争期间,杨明照在郭绍虞、张孟劬指导下,写出毕业论文《文心雕龙研究》,1958年删订出版,名为《文心雕龙校注》。王利器在这部书稿的基础上,于校勘方面加以扩大,写成《文心雕龙新书》,出版时改名《文心雕龙校证》。杨明照又增订了原书,取名为《文心雕龙校注拾遗》,于1982年出版。此外,黄侃《文心雕龙札记》也是大家手笔,值得参看。

《诗品》
好诗歌该是什么样?

中国是诗国,历代诗人层出不穷,贡献了大量绝美诗篇。

诗人一多,人们自然就产生了谁水平更高、哪首诗更好的想法。梁山好汉聚在一起不也得排座次?

于是,《诗品》一书应运而生。作为"百代诗话之祖",《诗品》是我国第一部诗论著作。作者钟嵘,是南朝齐梁时期人。

该书与同时代的《文心雕龙》并称"双璧",对我国文学理论、诗歌理论的发展,产生了重大影响,具有奠基诗学的意义。书中追溯了五言诗的起源,说明了诗歌的功用、源泉和表现手法,提出了评诗的标准,并对南朝梁代之前各个时期的诗坛主流作者加以评述。

一开篇,《诗品》就回答了"为什么要写诗"这个问题。

钟嵘的答案是"气":"气之动物,物之感人,故摇荡性情,形诸舞咏。"意思是,人的性情在气的感召、物的触动下,会形成独特细腻的内心感受,用吟咏的形式把这种感受表达出来,就形成了诗歌。这里的"气",抽象又具体,既是充盈天地间的蓬勃生气,还是大自然的变化。正如他在《诗品序》里说的:"若乃春风春鸟,秋月秋蝉,夏云暑雨,冬月祁寒,斯四候之感诸诗者也。"

这种四季感荡人心的诗歌发生论，是西晋以来文论家的共识。比如，刘勰说："物色之动，心亦摇焉。"但诗歌的发生，不光是因为季节的变迁，社会生活中的不幸、人际关系的触动，也是诗歌发生的重要原因。首次明确提出这一点的就是钟嵘。

他在《诗品序》中自"至于楚臣去境，汉妾辞宫"以下，列举了人的6种痛苦遭遇，例如，屈原的放逐、班婕妤的失宠、边关战士的牺牲，这些现实遭遇给人带来的痛苦，都要用"陈诗"以展其义"、借"长歌"以释其情"。如此才能使"穷贱易安，幽居靡闷"，才能在苦闷的环境中获得内心的解脱与慰藉。这其实就是后来韩愈"不平则鸣"文学主张的滥觞。

从这里可以看出，钟嵘认为诗歌的本质是吟咏性情，是人内心情感的自然流露。因此，《诗品》特别推崇那些直抒胸臆、不加修饰的诗句。比如，徐干《室思》中的"思君如流水"，曹植《杂诗》中的"高台多悲风"，谢灵运《岁暮》中的"明月照积雪"，等等。

接着，《诗品》品评了从汉至齐梁的123位诗人，定上品12人（古诗算一人），中品39人，下品72人。全书结构严谨，横向以上中下三品论诗，纵向先追溯流别，再逐一品评诗人。《四库全书总目提要》认为："（这些品评）皆妙达文理，可与《文心雕龙》并称。"通过这种形式，横向可看出历代诗人之优劣，纵向可看出五言诗歌之发展。

钟嵘对诗人作品的品评，形式多样，别开生面。比如，评山水诗人谢灵运："然名章迥句，处处间起；丽典新声，络绎奔会。"评"女郎诗人"张华："犹恨其儿女情多，风云气少。"评田园诗人陶渊明："古今隐逸诗人之宗也。"评曹操："曹公古直，甚有悲凉之句。"

评江淹时，钟嵘讲了个故事。说大诗人江淹有一天晚上做梦，梦见一个大帅哥，自称是两晋时期的文学家、方士郭璞。郭璞说：我有支笔在您那里很多年了，现在想要回来。于是江淹从怀中掏出一支五色笔给了他。往后，江淹再写诗，语句不通，文采尽失。江郎才尽这个成语就是从这里来的。

《诗品》不仅对我国齐梁之后的诗论产生影响，还传播到海外，对日本和歌产生影响。诞生于10世纪初的《古今和歌集》，是日本重要的和歌总集。书中两篇序文论述和歌的起源、社会功用、本质特征，揭示了和歌发展的历史，品评历代诗人优劣，提出一整套和歌创作及批评的理论，奠定了日本和歌的美学基础。而这两篇序文是对《诗品》亦步亦趋的模仿，对诗人的品评都与《诗品》的语言相同。

自《古今和歌集》之后，历代日本天皇都下诏编纂和歌集，其中大部分和歌集的序，都不同程度地受到《诗品》的影响。可见钟嵘《诗品》已经与日本民族文化、审美心理融合，成为日本和歌精神与民族审美不可分割的一部分。

《诗品》在后世也受到一些批评。比如，把曹操列为下品，陶渊明列为中品，对此，不少诗歌评论家觉得太离谱了，认为他们都应该是上品。后来文学史都做了纠偏，但钟嵘的贡献还是主要的，《诗品》仍不失为珍贵的文学遗产。

正史里记载，钟嵘曾请求文坛领袖沈约为他传播声誉（跟刘勰想到一块了），沈约没答应。等沈约死后，钟嵘在《诗品》里把他列为中品，并批评他的作品说，当时因为新的大家还未出现，旧的名家逐渐衰落，所以沈约才能独霸文坛，其实他的诗的意蕴比才尽的江淹还浅。《南史》作者李延寿认为，这是追念旧时的怨恨，以此来报复沈约。

对此，明代胡应麟、清代姚鼐等学者均认为，沈约的诗缺乏风神，就算换个人来评，地位也不会高。

小贴士

《诗品》篇幅不长，原创性很强，引得历代学者纷纷作注。单说民国以来，陈延杰推出《诗品注》后，古直推出《钟记室诗品笺》，指出前者疏漏之处，颇为精当，大受好评。后来，许文雨写成《钟嵘诗品讲疏》，批评前二书的错误之处。一时之间，呈现出学术争论局面。曹旭《诗品集注》后出转精，集前人研究之大成。另外，曹旭《诗品研究》对《诗品》版本源流、批评方法论、研究综述等问题进行了全面归纳，体大思精。

《玉台新咏》
是靡靡之音，还是国风正宗？

有这样一个故事，说在某大学的博士论文答辩会上，考官向考生提出一个怪问题：《孔雀东南飞》这首诗里，为什么不说"孔雀西北飞"呢？

考生知道，这句话是起兴，说孔雀东南飞或孔雀西北飞，都是可以的，没有什么道理可讲。但如果这样说，就显得太乏味了。考生灵机一动，做了个似乎不搭界的回答：因为"西北有高楼"。

回答得妙。"西北有高楼"后面接的是"上与浮云齐"，这两句出自汉代文人。孔雀为啥只能朝着东南飞？西北有高楼嘛，高耸入云，挡住了嘛。你问得出乎情理，我答得匪夷所思，正好相配。

巧了，这个故事里提到的两首诗，都来自同一本书——《玉台新咏》。《孔雀东南飞》原名《古诗为焦仲卿妻作》，这是我国古代文学史上最早的一首长篇叙事诗，与《木兰诗》并称为"汉乐府双璧"，被誉为"古今第一长诗"。

有多长？该诗长达300多句，1700余字，以真人真事为基础进行创作，通过刘兰芝与焦仲卿的爱情悲剧，为读者奉献了一曲荡气回肠的悲歌，在中国文学史上闪耀着夺目的光辉。"孔雀东南飞"这一意象后来也走出爱情范畴，被其他领域借用。比如，近年来，人才向东南沿海地区聚集的现象，就被称为"孔雀东南飞"。

我们能读到这样一首在当今社会生活中还能占据一定话语地位的诗，要感谢《玉台新咏》，感谢编者徐陵，如果不是他将该诗收录进书中，可能就佚失了。

徐陵是南朝梁陈时期的人。《南史·徐陵传》说他"八岁属文，十二通庄老义。及长，博涉史籍，纵横有口辩"，可见是个才子。徐陵早年在梁太子萧纲（他哥就是组织编写《文选》的昭明太子萧统）的东宫任职，写诗以绮丽浮艳见长，很受宠。而他这么写也是"顺应时代的要求"。

梁时，宫体诗占据诗坛主流。萧衍、萧纲等统治者提倡，百官公卿、社会各界跟风而作。宫体诗没什么思想内容，大多围绕美人做文章，"务为妖艳"，以华美雕琢的形式咏唱淫靡、放荡的生活。《隋书·文学传序》斥之为"亡国之音"，不是没有道理的。

《玉台新咏》就是徐陵在这个时期编选出来的，自然无法摆脱时代的限制，所收多为宫体诗。徐陵在序中直言："撰录艳诗，凡为十卷。"萧纲是徐陵的"衣食父母"，因此，全书选录诗歌660首，萧纲一人的诗就达109首之多，比如《倡妇怨情》《戏赠丽人》《美人晨妆》《咏美人观画》等，看名字就知道内容了。

如果《玉台新咏》收的都是这种诗，那也没有必要在此推荐了。它毕竟还收录了不少优秀的诗篇，而且选了不少歌颂妇女的诗篇，这在当时是没有前例的。

比如《日出东南隅行》，揭露了无良官僚荒淫无耻的面目，塑造了一个坚贞美丽的妇女形象；《皑如山上雪》写一个女子对负心汉表示决绝，指责那个男子只看重金钱而轻视爱情；《上山采蘼芜》叙述弃妇与前夫偶遇时的对话，反映出她的勤劳和重情；《陌上桑》里，采桑女子罗敷怒怼无耻太守，表现出机智、勇敢、不畏权贵的品格……

在《玉台新咏》的诸多诗篇中，我们能看到千载而上的女性爱情观——"愿得一心人，白头不相离""生当复来归，死当长相思""魂神驰万里，甘心要同穴"……无不专一、专情，流露出鲜明的女性自立、自由、自信的意识，这放在今天也是不落伍的。

作为《诗经》《楚辞》之后中国古代第三部诗歌总集，《玉台新咏》问世后，并未受到足够多的重视。《梁书》《南史》均未提及此书，流传的版本也很混乱。同时代的《文选》既有李善注，又有五臣注，而《玉台新咏》直到清代，才有了吴兆宜的注本，还长期享有唯一注本之誉。不光如此，对于该书，人们的认识和评价也有不小的分歧。

古人看《玉台新咏》,有三种态度,第一种是骂其淫。

唐代学者高仲武在《中兴间气集序》中说"《玉台》陷于淫靡",南宋诗人刘克庄的《后村诗话》认为该书"赏好不出月露,气骨不脱脂粉,雅人壮士见之废卷",清代文学家王士祯在《带经堂诗话》中表示《玉台新咏》"所录皆靡靡之音"……徐陵也因此背上了"风雅罪人"的骂名。

第二种是赞其情。

宋人陈玉父将《玉台新咏》与《诗经》对举,认为二者"发乎情则同",区别在于"止乎礼义"上。明代学者袁宏道则盛赞徐陵"钟情",认为该书"清新俊逸,妩媚艳冶,锦绮交错,色色逼真,使胜游携此,当不愧山灵矣",旅游时带着这本书,足以笑傲江湖。

第三种是扬其正。

不少人发现《玉台新咏》中有合于温柔敦厚之旨的成分,于是将徐陵编诗的行为拔高到"孔子删诗不废郑卫"的高度。清代才子袁枚就认为,"《玉台新咏》实国风之正宗"。《四库全书总目提要》也评价道:"虽皆取绮罗脂粉之词,而去古未远,犹有讲于温柔敦厚之遗,未可概以淫艳斥之。"

今天,我们再看《玉台新咏》,思路自然开阔多了,评价自然开通多了。比如，有学者从美学的角度研究《玉台新咏》，从"情"的领域跳脱出来，进入"爱"的境界，指出："（该书）把爱视为生命的全部价值，这是多情而又生活封闭的中国古代女性情感世界的重要特征。"从这个角度说,《玉台新咏》真可谓"爱的主题的集大成"。

小贴士

第一个给《玉台新咏》做注解的是清代人吴兆宜。他引证广博，笺注详赡，而且把每一卷中明代人滥增之作退之卷末，注曰"宋刻不收"，以明原书之貌。后来，程琰又对吴兆宜的本子进行了删繁补阙，充实了原注的作者小传部分，体现了知人论世之旨；注释中穿插评语，多有赏读批评之趣，拓展了吴兆宜原注的诠释空间，有助于我们今天多层面地理解《玉台新咏》。张亚新译注的《玉台新咏》，主要参考了吴兆宜的笺注和程琰的删补，又利用了《六臣注文选》，兼顾校对疏证与字词解释，对于一般读者来说够用了。章培恒先生关注《玉台新咏》多年，带领弟子谈蓓芳、吴冠文，历时8年，推出《玉台新咏汇校》，以校勘精良著称，既新颖美观，又满足学术研究的需要。

大唐西域记

河岳英灵集

贞观政要

茶经

唐代

李卫公问对

通典

酉阳杂俎

《大唐西域记》
昨日的跋涉，今天的信史

古人写外国的书，很少见；古人写外国的书，写得十分精准，更少见；古人写外国的书，越到今天越被外国人看重，甚至成为某国重建本国史不可或缺的依据，少见中的少见。

集齐这些"少见"的书，就是由唐代高僧玄奘口述、辩机笔录而成的《大唐西域记》。此书早在19世纪50年代就被译为法文出版。接着，英译本、日译本也先后出炉，《大唐西域记》开始在世界各地流传起来。到了今天，在中西交通史、印度和中亚各国历史、古代地理、佛教史等研究领域，《大唐西域记》仍占有十分重要的地位。

重建印度史

印度人想学本国历史，没有二十四史可看。

1853年，马克思在《不列颠在印度统治的未来结果》一文中说过这么一句话："印度社会根本没有历史，至少是没有为人所知的历史。"的确，现在要想认真研究印度历史，特别是古代史，就必须依靠外国人的著作。

1978年，印度历史学家阿里给季羡林先生写了一封信，信中说："如果没有法显、玄奘和马欢的著作，重建印度史是完全不可能的。"

而在这些著作中，没有一部可以代替玄奘的《大唐西域记》。进而言之，要想了解7世纪以前的印度，不得不依靠《大唐西域记》这部书。英国印度史专家史密斯说："（玄奘）几乎访问了印度的每一个省，记下了对这个国家的古迹、人民和宗教的无数正确观察。""玄奘对于印度历史的贡献是怎样估计也不会过分的。"

这些评价并非过誉。该书卷二讲印度时，包括释名、疆域、岁时、邑居、衣饰、馔食、文字、教育、佛教、族姓、兵术、刑法、赋税、物产等多项内容，可以说把当时印度社会生活的各个方面写了个遍。

比如，关于印度的名称，玄奘写道："详夫天竺之称，异议纠纷，旧云身毒，或曰贤豆，今从正音，宜云印度。印度之人，随地称国，殊方异俗，遥举总名，语其所美，谓之印度。"在玄奘看来，过去那些称呼印度的名字，都不合适，因为不是"正音"，正确的名称应该是"印度"。从这开始，中国人就称印度为"印度"，一直沿用到今天。这个记载对地名学、古音韵学都极有参考价值。

又如，玄奘对古印度许多城邑和寺院地理位置的描述，为近代以来对王舍城、鹿野苑、那烂陀寺等遗址的考古发掘提供了重要线索。其中，英印殖民政府时期，考古调查局局长、考古学家坎宁安在重建大菩提寺时，在寺址方位、建筑图案和使用材料的选择上都参考了《大唐西域记》。

对于印度古代许多大事的记载，《大唐西域记》更是一座宝库。如关于毗卢择迦王、阿育王、戒日王的故事等，都有翔实的论述。印度历史学家马宗达评论说："我们记述的有关曷利沙伐弹那（戒日王）的绝大部分事实都来自一个游方僧的惊人的记载。此外，这些记载还给我们描绘了一幅印度当时情况的图画，这种图画是任何地方都找不到的。"

百国风土记

读书就要读元典，玄奘很明白这一点。

为了考察佛经源头、研读佛典原文、寻求佛教的本质，贞观元年（627年）秋天，玄奘从长安向西出发，经过河西走廊，过秦州、兰州、玉门入新疆，取道伊吾、高昌，沿天山南麓向西，越凌山（天山山脉的穆素尔岭），转经中亚细亚、阿富汗，登大雪山（兴都库什山），到达北印度。贞观十九年（645年）正月，玄奘回到长安，历时19年，跋涉5万余里。第二年，《大唐西域记》写成了，共分12卷，10余万字。

这部书素有信史之称，皆因玄奘不是一味低头赶路，而是边走边记。在书中，玄奘自述："访道远游，请益之隙，存记风土。"在远游中，玄奘随时向当地人请教，记录风土人情。唐代史学家敬播给《大唐西域记》作序称："尔其物产风土之差，习俗山川之异，远则稽之于国典，近则详之于故老。邈矣殊方，依然在目。"就这样，全书以行程为经，地理为纬，记述了100多个城邦、地区和国家的概况，覆盖今天的南亚、中亚、西亚等国，以及地中海以东、中南半岛和印度尼西亚等。

在记述时，玄奘还设计了一个比较固定的章法，就是不管长短，尽量涉及这些地方的地理环境、山川形势、物产气候、城邑关防、交通道路、种族人口、风土习俗、宗教信仰、衣食住行以及政治文化等方面的情况。其中很多内容为史籍所仅见，或者是最早提出的。比如，卷十二关于"波谜罗川"及其为葱岭最高点的记述，是中外历史上首次关于帕米尔高原的记载。又如，于阗地区从中原输入养蚕技术的最早记载，也见于该书。

玄奘文笔了得。《大唐西域记》用语简洁，叙事写景，极富文学色彩。比如关于"千泉"（吉尔吉斯山脉北麓一带）的记述："素叶城西行四百余里，至千泉。千泉者，地方二百余里，南面雪山，三陲平陆。水土沃润，林树扶疏，暮春之月，杂花若绮，泉池千所，故以名焉。"以诗一般的语言介绍了"千泉"得名之由。

文学东渐桥

一个名叫杜子春的人,不务正业,耗完了家产之后,遇见一个老人,几次给他钱用,最后他到华山去见老人。老人是个道士,供给他酒饭之后,教他忍受一切境界,不动不语。以后他经历恶鬼、猛兽、地狱等种种魔障,都没有出声,最后托生为女人,生子,孩子被大夫摔死,因为心情激动,不觉失声。

"燕园三老"之一的张中行先生曾这样概括唐代传奇《杜子春传》的情节,特别指出:"这个故事情节很新奇,对后来的俗文学作品有不小的影响,例如《醒世恒言》中的《杜子春三入长安》,清人戏曲《广陵仙》和《扬州梦》,都是演述这个故事的。"

这个情节新奇的故事,来源于印度,见于《大唐西域记》。

玄奘去印度,在探求佛法真谛的同时,采获了很多佛教传说故事,传回东土,影响了中国文学史的进程。比如,《大唐西域记》卷七记载的"烈士池及传说",讲述了一个"弃绝贪爱,方成大道"的宗教劝诫故事;传到中国后,"印度隐士"换上了"中国道士"的道袍,加入中式道德说教,就有了一系列"杜子春"的故事。

正如鲁迅先生在《中国小说史略》中所说:"然此类思想,

盖非中国所故有,……魏晋以来,渐译释典,天竺故事亦流传世间,文人喜其颖异,于有意或无意中用之,遂蜕化为国有。"

天竺故事进入中国的重要桥梁之一,就是《大唐西域记》。中国历代文学家从中有意无意地借鉴——或者用时兴的名词"致敬"——的故事,还有很多。除了"杜子春",最有名的莫过于《西游记》,其中很多情节都能在《大唐西域记》中找到原型。这里就不多说了。

小贴士

长期以来，国内很少有人对《大唐西域记》进行系统的整理研究，更没有一个比较完善的点校本和注释本。最早提出整理《大唐西域记》的是北京大学历史系的向达。为了解决其中的佛学和梵文问题，他还专程到广州中山大学向陈寅恪请教，并做了很多校勘工作。后来，接续向达的工作，季羡林、范祥雍等学者联袂推出《大唐西域记校注》，这才让该书有了一个权威的整理本，嘉惠士林之功，不可磨灭。季羡林的学生钱文忠的《玄奘西游记》一书，是在央视《百家讲坛》讲稿的基础上增补而成的，内容更为全面准确，可以参看。另外，董志翘译注的《大唐西域记》在充分吸收前人对该书研究成果的基础上，对全书做了简明准确的注释和清晰顺畅的白话翻译，是帮助一般读者了解这部经典名著的普及读物。

《贞观政要》
"贞观之治"是这么来的

给皇帝进谏从来不是一件轻松的事儿,哪怕皇帝表示欢迎臣下给自己进谏。

贞观十八年(644年),唐太宗对长孙无忌等人说:臣子对待帝王,多是顺从而不敢违背,用甜言蜜语来博取帝王的欢心。我现在提出问题,你们不得隐瞒己见,要依次说出我的过失。

长孙无忌、唐俭等人深谙明哲保身之道,说:陛下用圣德教化,使天下太平。在我们看来,您没有什么过失。

可黄门侍郎刘洎不藏着掖着,径直答道:陛下拨乱创业,确实功高万古,正如长孙无忌等人所说那样。但不久前有人上书进谏,遇到言辞内容不合您心意的,您就不依不饶,当面追根盘问,弄得上书言事之人无不羞惭而退。这恐怕不是鼓励进谏的办法吧?

唐太宗听后说:你说的这话很对啊,我一定接受你的意见改正错误。

这个故事来自唐代古籍《贞观政要》,从中可以看出,李世民真心希望臣下对自己直言不讳,提意见、出主意,从而改进治理方式和策略。

后人总结"贞观之治"的经验,其中一条必然是唐太宗君臣之间坦诚相见，一方诚心进谏，一方虚心纳谏，从而产生治国理政的真知灼见。尤其是李世民和魏征之间发生的那些故事，国人耳熟能详。我们今天之所以能够知道这些，要感谢《贞观政要》提供的文献资料。

作为一部政论性著作，《贞观政要》不长，全书10卷40篇，8万多字。作者吴兢，汴州浚仪人，也就是今天的河南开封人。其为人，性格爽朗，正直不阿，勤奋好学，对经书和史学都有一定研究，特别是对历史学有较深的造诣。约在武周圣历三年（700年）前后，吴兢被召入史馆，与著名史学家刘知几、徐坚等人一同编纂史书，并成为亲密朋友。

武则天之后，吴兢看到朝政弊端丛生，矛盾重重，认为需要提醒继任者不要忘记祖先创业的艰难，尤其是唐太宗励精图治的作风，正如他在自序中所说："太宗时政化，良足可观，振古而来，未之有也。"因此，他搜集了唐太宗和45位大臣的主要言论，分门别类，按照时间先后排列成书，并于唐玄宗时期将书呈上。

从全书来看，多篇涉及君主政体、行政伦理、行政效率、行政编制、行政问责、行政监督、行政制衡等思想，譬如第一卷的《君道》《政体》，第二卷的《任贤》《纳谏》，第三卷的《君臣鉴戒》《择官》，第五卷的《仁义》《公平》《诚信》，第六卷的《俭约》《谦让》《奢纵》《贪鄙》，第八卷的《务农》《刑法》，等等。

这些行政思想的核心和要旨，集中在民本和仁政上。尤其前者，是"民为邦本"这一中国政治思想传统的延续。

作为封建君主中的开明者，唐太宗清醒地认识到"水能载舟，亦能覆舟"的道理，认识到自己的统治合法性来自老百姓，民心向背才是王朝命运的决定性力量。这个理念是他通过纳谏得到不断加强的。

据《政体》篇记载，贞观六年（632年），魏征对唐太宗说："自古失国之主，皆为居安忘危，处治忘乱，所以不能长久。今陛下富有四海，内外清晏，能留心治道，常临深履薄，国家历数，自然灵长。臣又闻古语云：'君，舟也；人，水也。水能载舟，亦能覆舟。'陛下以为可畏，诚如圣旨。"

这一关于君民关系的形象比喻给唐太宗留下了深刻印象，他多次用这个道理来教训自己的子弟。有一次他看见太子乘舟，就对太子说："汝知舟乎？"太子回答："不知。"唐太宗说："舟所以比人君，水所以比黎庶，水能载舟，亦能覆舟。尔方为人主，可不畏惧！"

从这些鲜活的对话中能看出《贞观政要》的行文特色——叙事简核，文笔洗练，材料多具故事性，言近旨远。虽然是千余年前的人事，当今读者也容易懂。

由于吴兢编书的着眼点在于以史为鉴，"义在惩劝"，因此，其对史事的编年问题未做过细的推敲，错漏之处不少。同时，由于历代转辗抄写，堆积了大量讹误。元朝儒臣戈直，对《贞观政要》做过一次细致的整理，并加以注释。他的本子比较完整，流传最广。

书成后，《贞观政要》被列为皇子皇孙的必读书。唐宪宗李纯、唐文宗李昂、唐宣宗李忱，皆将其奉为经典，反复阅读。宋仁宗赵祯非常欣赏唐太宗任人以"德行学业为本"。元朝皇帝多次提起该书，并请儒臣讲解书中内容。明宪宗朱见深还为之作序，推崇有加。明穆宗时规定，皇帝除三、六、九日上朝外，每天中午都要请人讲授《贞观政要》。清代乾隆皇帝说："余尝读其书，想其时，未尝不三复而叹曰：'贞观之治盛矣！'"

约在9世纪前后，《贞观政要》传到了日本。他们模仿中国，也把《贞观政要》定为皇家、幕府的政治教材。镰仓时代，1205年，博士菅原为长任讲官，为幕府讲解此书。江户时代，德川幕府在1615年颁布的《禁中并公家诸法度》17条中，第一条就规定天子必读《贞观政要》，以明古道。

虽然吴兢编书的直接目的没有实现——唐玄宗时期发生了"安史之乱"，唐朝自此走了下坡路——但给后世、给世界留下了一部珍贵的政论文献。

小贴士

骈宇骞译注的《贞观政要》对原文中难理解的字词句、专有名词和典章制度等传统文化知识出注诠释，并对原文进行明白晓畅的今文翻译，既能帮助入门级读者克服阅读障碍，又能作为研究者的工具书，可谓雅俗共赏。唐太宗君臣的治国理政经验，对于今天的企业管理也有指导意义，这方面的书可以参看日本学者山本七平的《〈贞观政要〉的领导艺术》。从某种意义上来说，这也算是一种古为今用吧。

《河岳英灵集》

盛唐诗人哪家强？

2023年上映的电影《长安三万里》中，主人公高适读的书里有一本《河岳英灵集》。

这书不是编剧杜撰，而是真实存在的古籍，被公认为盛唐时期最优秀的诗歌选本，共收入诗人24人，几乎囊括了盛唐时期诗坛精英，选诗234首（今存230首）。所选诗人有李白、王维、王昌龄、孟浩然、岑参……还有高适。涉及的诗人大多数都在电影里出现过。

此书是天宝末年，"丹阳进士"殷璠编选的。殷璠的生平，今天知道得不多。需要说明的是，唐人选唐诗，殷璠不是第一人，他之前至少还有12种选本，但那些书要么亡佚不存，要么残缺不全，要么水平不高。而《河岳英灵集》能流传后世，把盛唐诗坛的精彩纷呈牢牢留存在历史的底片上，不光是由于"同行帮衬"，其本身颇有特出之处。

这特出首先体现在文献价值上——保存了若干唐代诗人的诗。其中如贺兰进明、李嶷等好几位诗人，最初就是《河岳英灵集》记录的，然后被宋代《唐诗纪事》采录，清代《全唐诗》又根据《唐诗纪事》加以选录。因此，《河岳英灵集》为这些诗人留下了最初的印迹。

其次，殷璠对所选诗人的品评十分到位，精确恰当，正如《四库全书总目提要》所言："凡所品题，类多精惬。"

这种精当，来自理解和共情。

可能是由于殷璠本人仕途不顺，遭际落魄，他特别青睐怀才不遇、沉沦下僚的诗人——五品以上官员如张说、张九龄、贺知章的诗歌，殷璠一首未选。书中所选作家，除了李白受到过唐玄宗的召见，短时期内在宫廷供职以外，其他盛唐代表诗人，在殷璠选诗之际，或是职位不高，或根本就是一介平民。

全书开篇第一人常建，殷璠就说他"高才而无贵仕"。即便李白，在宫廷的生活也不得意，终于离开。对此，《四库全书总目提要》发出这样的评论："故所录皆淹蹇之士，所论多感慨之言。"

还以常建为例。殷璠在评论其人其诗时，思维不由自主地发散开来，勾连起同样遭遇的前代诗人。"曩刘桢死于文学，左思终于记室，鲍照卒于参军。今常建亦沦于一尉，悲夫！"曩就是从前的意思，文学、记室、参军都是基层官员，刘桢、左思、鲍照皆为唐代之前的著名诗人。

不过正因为有此经历，诗人的作品才有可观之处。殷璠接着评说常建的诗："其旨远，其兴僻，佳句辄来，唯论意表。至如'松际露微月，清光犹为君'，又'山光悦鸟性，潭影空人心'，此例十数句，并可称警策。然一篇尽善者，'战馀落日黄，军败鼓声死','今与山鬼邻,残兵哭辽水',属思既苦,词亦警绝。潘岳虽云能叙悲怨,未见如此章。"潘岳是西晋文坛领袖。在殷璠看来,常建作品中表达的悲怨,潘岳都比不了。

从对常建诗歌的品评,可以看出殷璠论诗和诗人的总体路数——不是空发议论,而是结合诗人作品夹叙夹议,并与其他诗人进行比较。

再次,《河岳英灵集》的理论价值不可忽视。殷璠不满足于单纯地选诗、评诗,还提出自己的诗歌主张——兴象说、音律说,鲜明地反映了盛唐时代诗歌高峰期的创作特色和理论特色。

在书中,殷璠提出"文有神来、气来、情来"的观点。这说明他看到了盛唐诗人昂扬的独特个性,因为神也好,气也好,情也好,都是作家的主体精神面貌。

在殷璠看来,神、气、情是统一的。神代表了一种超然物外的境界,给诗以深度;气偏重于表达抑郁不平,给诗以气势;情着重于作家对外物和自身的感受,给诗以情怀。三者结合起来,成为一个整体,使得盛唐诗歌既有神理,又有力量,还富于情致。这对盛唐诗歌特征给予了理论上的解释与说明。

以"气"为例,殷璠评诗注重气骨。比如说薛据,为人骨鲠有气魄,其文章也是如此。因为不能早些显达,他很伤感,写下《古兴》这首诗:"投珠恐见疑,抱玉但垂泣。道在君不举,功成叹何及。"怨愤颇深。

殷璠因为贤人沉沦、怀才不遇而愤慨于社会的不公，因此无论选诗，还是评论，不避"怨愤"，主张"志不拘检"，也就是说，只要胸怀大志，行为上不必过于苛求。

因此，对李白，称赞其"率皆纵逸"；评王季友，肯定他"爱奇务险"；聊高适，说他"不拘小节"，"甚有奇句"；品祖咏，认为他"调颇凌俗"；论岑参，是"语奇体峻，意亦奇造"；对当时并不著名的李嶷，称他"翩翩然佚气在目"……

翻看全书之后，相信很多人都会有这样的疑问：为什么书中没有收录杜甫的诗？对此有分析认为，杜甫是大器晚成的诗人，其作品受到广泛推崇是他去世后很多年的事。在盛唐诗坛，杜甫的名望不高，排不进梁山座次，自然入不了殷璠的法眼。这一点，跟《长安三万里》中，杜甫不是主角，也是一致的。

> **小贴士**
>
> 李珍华、傅璇琮撰著的《河岳英灵集研究》，是读懂《河岳英灵集》的一把金钥匙。该书分两部分，前一部分是有关《河岳英灵集》及编选者殷璠的评论、考证，后一部分是《河岳英灵集》的整理点校。该书对《河岳英灵集》的价值和特色做了探索和研究，进行了正本清源的整理，恢复其两卷本的本来面貌，又结合明代流传的几种版本加以汇校，为进一步探讨提供了较为扎实的材料基础。沈相辉评注的《河岳英灵集》颜值颇高，给每首诗作配一幅传世名画，阅读体验直线拉升；部分论诗文章还增加了翻译，帮助读者扫除阅读障碍。

《茶经》
人在草木中，焉能不知茶

品茶有门槛。

古代有个笑话，说某甲去一古刹游玩，得到方丈的招待。方丈沏了一壶好茶，请他用。他喝了一口，说道：正好，正好。

方丈以为他是懂茶之人，便问：施主觉得我这茶哪里好？

此人说：凉热正好。

如果他读过陆羽的《茶经》，相信对茶的认识就不会如此肤浅了。

《茶经》是中国乃至世界第一部最完整的介绍茶的专著。作者陆羽是唐代竟陵（今湖北天门）人，打小在寺院长大，干过不少煮茶的活儿。长大后，陆羽只是一介平民，有"当代接舆"（接舆为春秋时期楚国隐士）之称，对茶出奇热爱。在不断的游历、变乱中，他坚持学习，积累了丰富的茶知识。

安史之乱时，陆羽避居在浙江苕溪，于上元元年（760年）完成了《茶经》的初稿。后来，他又不断修订、增补。我们今天看到的是他774年修订后的本子。

由于陆羽曾在各大茶区观察茶叶的生长规律，学习茶农对茶叶的加工技艺以及茶具的制作方法，能够分析出茶叶品质的优劣，并在归纳民间烹茶方法的基础上总结出一套规律，因此,《茶经》一书问世后,得到各方推崇,对我国茶业和茶文化的发展繁荣起到了积极的推动作用。《四库全书总目提要》评价该书:"言茶者莫精于羽,其文亦朴雅有古意。"可见陆羽被尊称为"茶神"或"茶圣",是实至名归的。

翻开这本薄薄的《茶经》,可以看到眉目清晰的十章内容:一之源、二之具、三之造、四之器、五之煮、六之饮、七之事、八之出、九之略、十之图,包括茶的本源、制茶器具、茶的采制、煮茶方法、历代茶事、茶叶产地等方面,丰富翔实,并给茶注入了文化内涵。

比如第一章,陆羽为茶正名,总结了历代各地对茶的五种称呼——茶、槚(音同贾)、蔎(音同射)、茗、荈(音同喘),并以茶为正字。《说文解字》里并无"茶"字,表示茶的字只有"荼"。陆羽把"荼"字减了一笔,才有了"茶"字。后来,人们根据"茶"字,编了个字谜,谜面就是"人在草木中"。

这之前,"荼"字"脚踩两只船",既是指一种草本植物,苦菜;又是指一种木本植物,就是茶。在《尔雅》里,一会儿把"荼"解释为"苦菜",一会儿把"槚"解释为"苦荼",混淆不清。陆羽从"荼"里把"茶"字"解放"出来,别开天地,另立招牌,使概念明确,指代清晰。

茶的功用,陆羽说得明白,定性为饮料:"茶之为用,味至寒,为饮,最宜精行俭德之人。"《茶经》盛赞茶可"与醍醐、甘露抗衡也"，认为可与传说中的仙人饮料相媲美。

第五章阐述了烹煮茶叶的方法，从中可以看出煮茶不光程序烦琐，而且火的运用也很玄妙。烧火最好用木炭，其次是用硬柴火——桑、槐之类的木材。陆羽认为，沾染上腥膻油腻气味的木炭，以及含脂膏多的木料，都不能用。

煮茶用水很讲究，山水为上等，江水为中等，井水最次。山水里，要用钟乳石滴下的水和在铺满碎石的水池中慢慢流淌的水，即"石池慢流者"。背后的道理是，山水出地面之前是地下水，经地层碎石反复过滤后，水质清澈透明。陆羽提醒，千万不要使用山谷中汹涌激荡的流水来煮茶；还有，泉水流到低洼处停滞不动的死水，也不能用。

陆羽精通煮茶，在当时是颇负盛名的。传说早年收养陆羽的智积禅师，由于喝惯了陆羽煮的茶，后来再喝别人煮的，就觉得没味道，索性"戒茶"了。唐代宗召智积禅师供职，命宫中煮茶能手烹茶招待，禅师尝了一口就放下了。皇上暗地把陆羽召来煮茶，禅师一饮而尽，说：好像是渐儿（陆羽字鸿渐）煮的。

怎么饮茶，也有学问。《茶经》第六章专门讲饮茶风俗和品茶方法。文章开头那位先生，敲黑板了，这里需要重点学习。

在唐代，民间煮茶时喜欢加入葱、姜、枣、橘皮、茱萸、薄荷之类的调味品。陆羽不认可这种煮法，声言这跟沟渠里的废水没什么两样，还是应该保持茶叶本身的清香。

在他看来,"珍鲜馥烈"的好茶,一般(一炉)只煮3碗,才能让茶水鲜美爽浓;较次的茶煮5碗。假如有5位客人,只煮3碗分饮;有7位客人时,则以5碗匀分。如此才叫品茶。为啥每人不能多喝?《红楼梦》里妙玉说了:"一杯为品,二杯即是解渴的蠢物,三杯便是饮牛饮骡了。"

值得注意的还有第七章,在全书所占篇幅最大,汇集了古代与茶有关的奇闻逸事,共有47则。唐之前有关茶事的记载,差不多都囊括进来了。其中一些资料,因为原书已佚,全靠《茶经》才得以保存下来,功劳不可磨灭。

比如《后魏录》这部今已不存的史书,《茶经》引用了这么一个故事,很有意思。

王肃本来在南朝齐做官,很爱喝茶。后来他到北魏做官,开始吃羊肉、喝酪浆。酪浆就是牛奶、羊奶以及相关奶制品。有人问他:茶和酪浆比起来怎么样?王肃说:"茗不堪与酪为奴。"意思是,在北方,茶虽然是酪的奴隶,但茶不能忍受做酪的奴隶。隐含之意为,他这个南朝来的人虽然在北方被异族压制,但内心还是崇尚南方风物文化。这样带有机锋的回答,博得了北魏君臣的称赞。自此之后,茶在北魏又别号为"酪奴"。

小贴士

中国社会科学院古代史研究所研究员沈冬梅，积30余年茶文化研究之功，参考存世50余种《茶经》版本而写成《茶经译注》，在全本采录《茶经》的基础上，做到了全版本校勘、全本注释、全本译文、全本点评。书后完整收录散见于历代文献的陆羽传记7种、历代《茶经》序跋赞论17种以及宋刻百川学海本《茶经》考论，有助于读者全面了解陆羽其人、其事、其书。此外，全书配图50余张，甄选历代品茗名画、出土文物图例，图文互证。

清人陆廷灿按照《茶经》体例编辑而成《续茶经》一书，也分上、中、下三卷共十个部分，与《茶经》目录相同，最后还附一卷茶法。自唐至清，历时数百年，产茶之地、制茶之法以及烹煮器具等都发生了巨大的变化，《续茶经》对唐之后的茶事资料收罗宏富，并进行了考辨，《四库全书总目提要》称此书"订定补辑，颇切实用，而征引繁富"。杜斌译注的《茶经·续茶经》将这两本书合在一起注释，让读者能更全面地认识和理解中国古代茶事。

《通典》
我为国家解痛点

看着被安史之乱糟蹋得不成样的残山剩水，杜佑决心重整河山，再造盛唐。怎么做？写书——整理、总结历史上的经济、政治、文化等典章制度，为当今的施政提供借鉴。这就是中国第一部论述政治经济制度的通史——《通典》。同时，这部书引领了政书的修撰潮流。

前人的肩膀

看一下杜佑的生卒年——735—812年，就知道他经历了多大的落差。

渔阳鼙鼓动地来的那年，京兆万年（今陕西西安）人杜佑刚20岁，已经充分品味过盛唐的荣光了。他家有好几代都做过大官，因此他不用参加科举考试，凭借祖荫就做了官，从济南郡参军一直做到司徒同平章事，相当于宰相，其间职位多为掌管财政之官。作为朝廷重臣，唐宪宗很敬重他，上朝不呼名，尊称司徒而已。

身居庙堂之高，杜佑并未尸位素餐，而是心忧天下。历时8

年的安史之乱，把繁荣昌盛的大唐带走了，之后就是藩镇跋扈、宦官专权、外族入侵、社会动荡……为什么几年工夫，天下形势就急转直下了？该如何挽救这个残局？杜佑决定通过著书立说来总结历史经验，求得"富国安人之术"，从而"将施有政"。

这就是后来多达200卷约190万字的《通典》，记述了上自黄帝，下迄唐玄宗天宝末年历朝历代的典章制度。为成此书，杜佑花了36年之久——别看36年时间长，要是没有"踩在前人的肩膀上"，可能费时更多。

杜佑著《通典》，所踩的肩膀——依据的参考材料，确实是很多的，包括但不限于《唐六典》《稽典》《唐典》《太宗政典》《文思博要》《东殿新书》《艺文类聚》《北堂书钞》《碧玉芳林》《三教珠英》等。其中最大的肩膀当数刘秩的《政典》。

刘秩是唐代史学家刘知几的儿子，曾搜罗经史百家有关典章制度的资料，撰成《政典》一书，"大为时贤称赏"。杜佑觉得堪为济世之用，但惜其"条目未尽，因而广之"，于是扩大范围，充实内容，按照自己的编排体例成就《通典》。

管子的影响

中国古籍中，《管子》以浓郁的经济色彩而著称。这一点深深影响了《通典》。杜佑在书中广泛征引《管子》一书的微言大义。可以说，《管子》富国安民的思想在《通典》中得到充分继承。这一点，看《通典》的内容编排就知道了。

全书分为食货、选举、职官、礼、乐、兵、刑法、州郡、边防九门。之前纪传体史书中的"志"里，食货从来没有排过第一。杜佑把食货排在第一，这是高明之处，也是现实痛点。

《资治通鉴》记载，贞元二年（786年），"关中仓廪竭……上忧之甚，会韩滉运米三万斛至陕，李泌即奏之。上喜，遽至东宫，谓太子曰：'米已至陕，吾父子得生矣！'"杜佑应当亲历其事，肯定大受触动——衣食不足，哪里谈得到兴礼作乐呢？

于是，在《通典》中，杜佑说："夫理道之先，在乎行教化，教化之本，在乎足衣食。《易》称：'聚人曰财。'《洪范》八政，一曰食，二曰货。管子曰：'仓廪实，知礼节；衣食足，知荣辱。'夫子曰：'既富而教。'斯之谓矣。"通过征引先贤论述，指出，教化人民得先吃饱穿暖。这是很朴素的道理，和离开实际奢谈礼乐教化的说法，不可同日而语。

食货一门下又有12个细目，分别梳理土地制度、赋税制度、户口盛衰等问题，这都是经济社会的关键问题。杜佑不仅系统记叙，而且发表自己的意见。

比如，在《历代盛衰户口》中，他说，隋平陈前，只有户口360万，平陈后新得50万，18年后增加到480余万，并不是人口增加这么快，而是从前剥削太重，人民多依附豪室，这样就不算正式户口了。杜佑在这里特别表彰了隋朝名臣高颎的做法——先向农民宣传归入国家编户的好处和做浮客所受剥削的苦处，然后正式下命令，这样水到渠成，把浮客归入编户。

安史之乱后，户口逃亡情况又严重了。对此，杜佑在《食货》文末提出："欲人之安也，在于薄敛。敛之薄也，在于节用。若用之不节，而敛之欲薄，其可得乎？"也算是为民请命的真知灼见了。

史料的宝仓

对于后世，《通典》的重要价值还体现在史料保存上。

作为一部通史性的政书，《通典》叙述各种制度及史事，按年代顺序，从上古说到唐朝，原原本本，说得很详细，并且按事物性质，一类一类安排，显得很有条理，便于考察。

例如，职官的材料，书中从中央到地方、从文官到武官、从员额到官阶，都叙述得清清楚楚；兵的材料更是珍贵难得，把唐以前所有战争的胜负经验、兵法上的原理原则，统统归纳起来，各标以适当的题目；边防的材料，把历史上中国四方的部落和国家，给以综合的叙述。

因此，《通典》能够为后世提供系统的研究材料，给辑佚和校勘提供珍贵的来源和依据。比如，王国维就从书中辑出杜环的游记《经行记》。

对此，《四库全书总目提要》评价称："（该书）博取五经群史，及汉魏六朝人文集、奏疏之有裨得失者，每事以类相从。凡历代沿革，悉为记载，详而不烦，简而有要，元元本本，皆为有用之实学，非徒资记问者可比。考唐以前之掌故者，兹编其渊海矣！"称赞该书编排时保存了大量资料。

成也萧何，败也萧何。《通典》为人所诟病之处也在保存的史料上。全书200卷，有100余卷记录礼乐制度，这块内容对后世的价值不大，多是空洞的说教，对于解决国家财政、吏治整顿、藩镇割据、宦官专权等问题，毫无裨益。因此，有学者评价说，礼乐是《通典》中材料最丰富的，但也是杜佑劳动效果最小的，就因为它的史料价值并不太大。

不过，为《通典》作序的李翰评价该书："采五经群史，上自黄帝，至于有唐天宝之末。每事以类相从，举其始终，历代沿革废置，及当时群士论议得失，靡不条载，附之于事，如人支脉，散缀于体。……使学者得而观之，不出户知天下，未从政达人情，罕更事知时变，为功易而速，为学精而要……非聪明独见之士，孰能修之？"还是好处多，瑕不掩瑜吧。

> 小贴士
>
> 《通典》全书不必通读。陕西师范大学历史文化学院教授杜文玉解读的《通典》，采取导读、原典、注释、点评相结合的编纂体例，以当代眼光加以审视和解读，力求深入浅出、明白晓畅地介绍《通典》。曾贻芬的《通典食货典校笺》，专门解读《通典》的重头内容——"食货典"，对其中的史料来源一一进行考察，真正实现了"辨章学术，考镜源流"。此外，还可参看郭锋的《杜佑评传》。

《酉阳杂俎》
灰姑娘是中国人吗？

灰姑娘、水晶鞋的故事，很多人小时候就听过。但中国版灰姑娘的故事，知道的恐怕就不多了。

先秦时期，有个叫叶限的女孩，聪明伶俐，但颇受后母虐待，经常被赶去深山砍柴、到深渊打水。在一次过节的时候，后母带着自己的亲生女儿去游玩，让叶限看家。等后母她们走远了，叶限穿上金鞋，偷着去了。

在节庆现场，后母和女儿认出了叶限。叶限赶紧跑回家，匆忙间，丢了一只鞋，被人捡走。后来，捡鞋的人去卖这只鞋，被国王买下。国王命左右试穿，都不合脚。于是，国王让全国的妇女都来试穿，竟然没有一个人合脚。

国王派人去每家每户查，如有女子能穿上此鞋，就带来禀告。到了叶限家，叶限穿上了，并告知国王前后经过。国王就把叶限带回去，封为上妃。

这个故事出自唐代才子段成式的《酉阳杂俎》一书。学者倾向认为，这是西方灰姑娘故事传入中国后，经过了一番本土化改编而成的。因为故事一开始，段成式就说了，这是"南人相传"；故事结束后再次重申，这是"旧家人李士元所说。士元本邕州洞中人，多记得南中怪事"。

但也有学者持不同观点,如英国民俗学者玛丽安·罗福尔·考克斯认为,格林童话《灰姑娘》的原型来自《酉阳杂俎》,该故事起源于中国黔东南侗族聚居地区,通过来唐朝做生意的阿拉伯人扩散到欧洲,经格林兄弟名扬全球。

灰姑娘的国籍先置之不论,单说段成式,很喜欢奇谈怪事。这是一个做到了读万卷书、行万里路的人。33岁之前,出身望族的段成式不断改变生活环境,先后到过成都、长安、扬州、荆州、洛阳、吉州、处州、襄阳等地;后曾在秘书省、集贤殿供职,得以翻阅大量藏书。段成式一生交游广泛,学人、诗人、僧人,结交了不少朋友。如此丰富的人生阅历,对他写书产生重要影响。

《酉阳杂俎》书名不太好理解。简单说,湘西地区有大酉山、小酉山,传说周穆王藏了很多奇异的书在其中。对此,梁元帝在赋中提到过"访酉阳之逸典",意思是去二酉山寻访秘籍奇书。"俎"是古代祭祀或宴会时盛放肉类的礼器,这里指奇珍异味;"杂俎"就是说天地间千奇百怪的味道,杂然陈列于此。合起来就是说,本书记载天下奇人异事,无所不包。

确实如此,全书分为前集20卷、续集10卷,共计46篇,内容极其驳杂,上到史志、礼仪、律法、外交,下到婚俗、丧葬、禁忌、传说,旁涉杂技、仙佛、人鬼、方术,论及书法、文学、饮食、医药……方内方外,细大不捐。

其中不少类目的命名颇为怪异，比如，记道术的称"壶史"，录佛经的叫"贝编"，志鬼神的名"诺皋记"，写葬俗的是"尸穸"，等等。宋代藏书家陈振孙说"其标目亦奇诡"，明代学者胡应麟说"宋人以下亡弗骇其异，而未有得其说者"，《四库全书总目提要》则称这些名目"在可解不可解之间，盖莫得而深考矣"。

比如"诺皋记"，前人一向认为"意义难解"。学者李剑国认为："成式此篇主记鬼神之事，故序中颇言巫祝。巫祝禁咒，必先以'诺皋'之语呼召神鬼，此命篇之由也。"

由此可知，《酉阳杂俎》这些标目，虽不免生涩，但各有讲究。而这些别具一格的命名本身，就说明了段成式对分类的用心，力求契合内容。

什么内容？专挑光怪陆离的事、好玩奇特的人讲。

比如，前集卷八《黥》专记刺青、文身的故事，其中一则讲成都人赵高好打架，满背刺着毗沙门天王的画像。他被抓后，狱吏要打板子，看见天王画像后不敢下手了，报告给领导李夷简。李夷简大怒，找来新制成的筋竹棒，命令手下：把这天王打干净了事！一顿好打。这个赵高，养了10天伤后，居然光着上半身挨家挨户叫嚷，乞讨修补天王像的功德钱。让人啼笑皆非。

又如，续集卷一《支诺皋上》记载，国子监学生周乙晚上学习时撞见一小鬼，身长两尺多，满头细碎光点，像星星一闪一闪的，一会儿玩灯，一会儿玩砚台，很调皮。周乙骂它，它也不听。周乙瞅准时机，一把抓住。小鬼跪地求饶，一副可怜样。天快亮了，周乙听到东西折断的声音，低头一看，手里抓着的原来是一柄破木勺，上面沾了不少米粒。这个鬼故事不仅不恐怖，还挺有趣。

从此可以看出，段成式集纳这些故事，并首创"志怪小说"的概念用以概括，为的是达到"味之者无极，闻之者动心"的境界，使"愁者一展眉头"，不主教化，只求娱心，与"治身理家"的传统小说观大相径庭。难怪明人李云鹄称此书让"读者忽而颐解，忽而发冲，忽而目眩神骇，愕眙而不能禁"。

到了清代，《四库全书总目提要》评价《酉阳杂俎》："其书多诡怪不经之谈，荒渺无稽之物。而遗文秘籍，亦往往错出其中。故论者虽病其浮夸，而不能不相徵引。自唐以来，推为小说之翘楚，莫或废也。"秉持正统理学思想的四库馆臣，先批评了一顿，接着又肯定了它的价值，评价其为"小说翘楚"，可谓先抑后扬。

此外，《酉阳杂俎》还包含了大量科技内容，涉及天文学、医学、物理学、机械技术、生物学等领域，值得今天留意。比如，根据卷七记载，天竺术士提到一种"能消草木金铁，人手入则消烂"的"畔茶佉水"。英国学者李约瑟在《中国科学技术史》一书中认为，这是世界上最早的关于无机酸的记载，比欧洲早600年。

小贴士

　　许逸民的《酉阳杂俎校笺》大胆采用以"笺"带"校"的办法，订正了传世诸本中不少错误，并且在笺注时基本是逐处下注，皆准确细致，头头是道，难能可贵。张仲裁译注的《酉阳杂俎》集百家之所长，同时参校了《酉阳杂俎校笺》等优秀的刻本，并结合当时的历史社会背景，给出言简意赅的题解和翔实精准的注释，让读者读起来更加轻松。此外，虫离先生的《神游大唐——〈酉阳杂俎〉里的奇异世界》把《酉阳杂俎》掰开揉碎，对每个名物典故追根溯源，兴致勃发地给读者展开，值得一读。

《李卫公问对》
听"托塔李天王"讲打仗的门道

古籍中作者不详的好书很多,《唐太宗李卫公问对》(又称《李卫公问对》,简称《问对》)就是其中之一。

看书名就能知道,这部书是唐太宗李世民和他手下大将李靖(神话人物"托塔李天王"的原型之一)的谈话记录。这二位,一个是历史上最会打仗的皇帝之一,一个是战功卓著、被封为卫国公的名将。

难能可贵的是,他们不光在战场上展现出杰出的指挥艺术,在军事谋略上也都有深入的思考和总结。《问对》记录下二人98次问答,以1万多字的篇幅讨论了诸多军事命题,内容丰富,见解深刻,在中国古代军事思想发展史上占有重要的地位。

贯穿全书的主线思想,《四库全书总目提要》做了鞭辟入里的概括:"其书分别奇正,指画攻守,变易主客,于兵家微意时有所得。"其中的两个关键词"奇正、攻守",是最能体现军事辩证思维的两组术语。

先说攻守。

进攻和防御是战争中最基本的矛盾,《问对》提出新解:"夫攻者,不只攻其城击其阵而已,必有攻其心之术焉;守者,不只完其壁坚其阵而已,必也守吾气以有待焉。"意思是,进攻不是单纯地攻城略地，防御不是单纯地坚守城池。进攻讲求攻心之术，摧毁敌人的防御意志；防御讲求士气旺盛，等待敌人的疏漏出现。结论就是："夫攻其心者，所谓知彼者也；守吾气者，所谓知己者也。"对《孙子兵法》提出的"知己知彼"论断进行了延伸解读。

值得一提的是，兵家多喜攻厌守，先发制人，毕竟进攻才能掌握主动。但《问对》反其道而行之："后则用阴，先则用阳。尽敌阳节，盈吾阴节而夺之。"意思是，后发制人用潜力，先发制人用锐气；最大限度挫敌锐气，发挥我方潜力，就能夺取胜利。

这一作战思想，含有先让一步、诱敌深入的积极防御性质，与《水浒传》中林冲棒打洪教头，连唤几声"来来来"，在退让中找到洪教头破绽，一脚将其踢翻，可谓一脉相承。

再说奇正。

这是中国古代军事学术中十分重要的命题。李靖说："凡将，正而无奇则守将也；奇而无正则斗将也；奇正皆得，国之辅也。"因此，对奇正的讨论，在《问对》中占有很大比重，内容最充分，论述最完备，分析最透彻。

奇正讲的是兵力投放的指挥问题。前人已有不少论述。先是《老子》提出"以正治国，以奇用兵"，《孙子兵法》进一步阐释："战势不过奇正，奇正之变，不可胜穷也。"不过，《孙子兵法》

的论述停留在形容奇正的变化多端上,没有对概念进行明确的界定。后来,《孙膑兵法》、曹操《孙子注》等书对奇正的概念加以推衍。直到《问对》,才对奇正的本源进行了阐述,并拓宽和升华了其思想内涵。

具体来说,《问对》谈奇正,既反对重奇轻正,又反对简单的奇正划分。对《孙子兵法》"以正合,以奇胜"的名言,《问对》做了大胆的发挥,认为只要善于"示形",奇与正是可以互相转化的,二者的运用没有现成方案和预案可遵循。

书中,李靖对唐太宗说,没有正兵,奇兵也无所用之。兵贵出奇,但不能不看对手是谁,一味出奇。比如,唐平突厥靠奇兵,讨高句丽用正兵。正兵是堂堂之阵、正正之旗,有强大实力做后盾,大兵压境,三下五除二,解决问题。如果势均力敌,甚至敌强我弱,那么用诈出奇就显得格外重要。

因此,奇正是临时设置,没有固定标准,奇可以是正,正可以是奇,奇可以变正,正可以变奇,全看对方上当不上当、料不料得到。料到了是正,料不到就是奇。

由此可见,对于奇正,《问对》主打一个"灵活运用"。李靖痛感那种只知道"以奇为奇、以正为正"、呆用兵法的人是不足以谈兵的,提出"善用兵者,无不正,无不奇,使敌莫测,故正亦胜,奇亦胜"。而灵活使用兵力不是从演习场上所能学到的,必须在战场上根据千变万化的情况"临时制变",慧心独创。

所以，唐太宗慨叹："奇正，在人而已，变而神之，所以推乎天也。"

凭借这些军事谋略上的探讨，《问对》在北宋神宗时期，与其他6部兵书一起被选为官定武学教科书——"武经七书"。其他6部书分别为《孙子兵法》《吴子兵法》《司马法》《尉缭子》《三略》《六韬》。对于《问对》的入选，当时以及后来不断有人提出异议，认为该书是假托，不应选此书，理由是文辞浅鄙，经典怎么能用这么浅白的话呢？

武学博士何去非是"武经七书"的编校者之一，也是最先怀疑的人。他把自己的疑惑跟上司朱服说了。朱服回答说，这书传播很久了，不能轻易否定废除。

经过历史的检验，"武经七书"确实是中国兵书的杰出代表。而《问对》一书，可能是伪造的，其中涉及的史实有可商榷之处，但书中的思想并不伪，而且军人立论，往往言简意赅，讲求通俗易懂。几句话就能说清楚的道理，非得要求引经据典、洋洋洒洒，这就落入烦琐哲学、腐儒之见了。清代学者俞正燮在《癸巳存稿》中说："《卫公问答》，语极审详，真大将言也。"这是会读书的。

小贴士

吴如嵩、王显臣的《李卫公问对校注》简明扼要，通俗易懂，书末附有多篇传记、评述资料。《李卫公问对》由于篇幅很短，所以经常与其他兵书合在一起出版，比如当代兵学研究专家黄朴民导读、注译的《尉缭子·唐太宗李卫公问对》，注释精当，译文晓畅明白，是适合大众阅读的普及版本。

东京梦华录

梦溪笔谈

宋代

通志

文献通考

洗冤集录

《梦溪笔谈》
古代理工男的笔记

北宋时的泸州慎县（今安徽合肥一带）发生了一起命案，有人被殴打致死。该地县令李处厚前往验伤。可用了很多办法，如往尸体上涂抹糟肉、灰汤，都查不出殴打痕迹。

李处厚正在头疼之际，一位老人求见，说：听说大人查不出尸体的伤痕，其实这不难。在正午的阳光下，用一把新的红油伞罩在尸体上，再往尸体上浇些水，那伤痕就一定会显现出来。

李处厚命人照此去做，尸体的伤痕果然清楚地显露出来。从此以后，江淮一带验尸时往往采用这种方法。

这个记载在《梦溪笔谈》中的故事表明，最晚到北宋时期，人们就懂得从日光中滤取红色波段的光并加以利用了。上述书籍记载的查验尸体瘀伤的方法是有科学道理的：尸体的皮下瘀伤，在白光下难以看清；红色油伞在阳光下可以滤取红色光，作用相当于一个滤光器，用这种红色波段的光来映照，可以有效提高皮下瘀伤与周围部分的对比度，从而找出受伤的部分。

从这个故事就能看出《梦溪笔谈》这本书的与众不同之处，更能看出作者沈括的与众不同之处。他不像传统知识分子那样，闲暇时喜欢吟风弄月，或者谈禅说佛，而是对今天称之为科学技术的知识，非常感兴趣，可谓中国古代少有的"理工男"。

翻看《梦溪笔谈》可以看到，沈括出使契丹时，半道上瞧见彩虹，都要赶紧跑前跑后探查一番；听说常州有陨石落下，就马上找到了解此事的人打听，并记录下来；还留心陕西一带"脂水"的事儿，在历史上第一次提出"石油"这个科学的命名，同时记载了相关应用……更不用说收入中学课本的活字印刷术了，那可是要通篇背诵的文章。

活字印刷术发明人毕昇这样的民间工匠，无论正史野史都不会在意，幸赖沈括，将其人其事详细地写入笔记，这才让中国的四大发明之一有了坚实的文献基础。后人方得以自豪地宣称，我们比欧洲古登堡的铅活字印刷术早了差不多400年。

对此，不少西方学者也持肯定态度。法国的儒莲、德国的霍勒、美国的卡特，都翻译过《梦溪笔谈》中毕昇印刷术这一部分。

通观全书，关于科学的记载，占去《梦溪笔谈》的一大半内容，涉及天文历法、数学、气象学、地质学、矿物学、物理学、化学、农学、地理学、制图学、建筑学、生物学等多个领域，以至于英国学者李约瑟称之为"中国科技史上的坐标"。

有学者统计，全书609条笔记，能分出30多类来，足见沈括知识体系的博广。由于沈括见多识广，除了科技相关内容，书中还涉及经学、史学、文学、艺术、音乐、法律、军事、宗教、社会风俗、杂闻逸事等。因此，《四库全书总目提要》将之列入子部杂家类,称"括在北宋,学问最为博洽,于当代掌故及天文、算法、钟律,尤所究心"。

今天读此书,除了感叹沈括的科学素养之高,还会被书中记载的当时社会的一些现象所吸引。

比如,在河南某县,有位杜五郎,住在离县城30多里的房子里,30年没出过家门了。当地官员去拜访他,看他样子还挺潇洒的,问他为啥老闷在家里。杜五郎幽默地答复:哪有这回事?15年前我还到门外桑树下乘过凉呢。然后,沈括讲了这位杜五郎在基本解决自家粮食困难问题后,还主动退出"择日""卖药"生意,不与乡人争利的故事。原来这位"宅男"虽然足不出户,但并非四体不勤、靠人供养的"废柴",而是心地善良、积极生活的隐士。

此外,沈括还在书中记录下盲人天文学家、数学家卫朴,技艺高超的木工喻皓等平民的事迹,反映出古代社会面貌的丰富多彩,市井生活的亲切可爱,让历史变得丰满起来。

沈括是浙江杭州人,参加工作后履历丰富,在地方管过刑讯诉讼,在中央当过史馆编辑、做过司天监的领导,参与过王安石变法,管理过全国财政;北宋与西夏时常发生战争,沈括还上前线打过仗,多次破敌立功;北宋中后期的党争也影响到沈括,让他受到不少打击。年近花甲之际,沈括退出仕途,到江苏镇江的梦溪园养老。在这里,他写成了《梦溪笔谈》一书。

在《梦溪笔谈》自序中，沈括写他的退隐生涯，透出浓厚的悲凉、寂寞之情："予退处林下，深居绝过从，思平日与客言者，时纪一事于笔，则若有所晤言，萧然移日，所与谈者，唯笔砚而已，谓之'笔谈'。"山林虽幽，园林虽美，可惜无知音相伴，沈括只好对着笔砚，写文度日。

虽然作者落寞，但后人要感谢这份落寞，不然如果沈括一直在官场、战场奔忙，以致分身乏术的话，怎么会有时间留下这么一部好书呢？

小贴士

古文献学家、科技史学家胡道静耗费几乎大半生的精力，编纂了近百万言的《梦溪笔谈校证》，对沈括的每条笔记均进行了校勘、考证。书中涉及的重要人物、事件、器物、典章制度、科学原理，可谓是注解精详，旁征博引。胡道静的学生金良年在老师著作的基础上，整理出更加扎实的《梦溪笔谈》点校本，但并无译注。不过，金良年与胡小静合译的《梦溪笔谈全译》弥补了这一点，对全文进行了白话翻译。另外，可参看诸雨辰译注的《梦溪笔谈》。

《东京梦华录》
北宋故都游览指南

很多年以后，面对残破的南宋江山，孟元老将会想起，父亲带他去见识大象的那个遥远的冬至。

北宋末年，年幼的孟元老随家人迁居到都城——东京汴梁，也就是今天的河南开封，一住就是24年——宋徽宗崇宁年间到宋钦宗靖康年间。后来，北方沦陷，孟元老流落江南。又过了20年，孟元老"与亲戚会面，谈及曩昔，后生往往妄生不然"，因"恐浸久，论其风俗者，失于事实，诚为可惜"，故"谨省记编次成集，庶几开卷得睹当时之盛……目之曰《梦华录》"。

这就是孟元老写作《东京梦华录》的缘起：晚年在与亲友聚谈时发现，年轻人对过去的岁月"不感冒"，也不了解；自己作为尚在的"白头宫女"，若不能把记忆中的东京城、开封府写下来，留下这段盛世年华，就太可惜了。

那真是一段绚丽的生活，一片繁华的世界。孟元老笔下的东京，"以其人烟浩穰，添十数万众不加多，减之不觉少。所谓花阵酒池，香山药海。别有幽坊小巷，燕馆歌楼，举之万数，不欲繁碎"。

10世纪后期至12世纪初，汴梁是世界上最大最繁华的城市。

这个荟萃了100多万人口的巨大社区，以"惊人耳目""长人精神"的无穷魅力，吸引着全国、全世界的目光。用孟元老的话说就是："八荒争凑，万国咸通。集四海之珍奇，皆归市易；会寰区之异味，悉在庖厨。花光满路，何限春游；箫鼓喧空，几家夜宴。"

如果今天能重回彼时的汴梁，一定要带着《东京梦华录》——不啻为一部汴梁旅游手册、东京穿越指南。书中详细记载了汴梁的城垣、河道、桥梁、宫室、官署、街巷、店铺、酒楼，以及朝仪郊祭、时令节日、民俗风情、饮食起居、歌舞百戏，可说是文字版的《清明上河图》。

穿越后第一件事是吃，那就要去夜市了。据统计，书中提到的美食多达300多种。东京的夜市主要有两个，一个在御街一带，另一个在马行街一带。

御街夜市位于东京城的中心，非常繁华。太学也在这里。

出朱雀门，直至龙津桥，是美食一条街：有水饭摊、烤肉摊、肉脯摊；在王楼前，有卖鸡肉干的；隔壁是两家名店，叫梅家、鹿家，专卖各种熟食，有鹅、鸭、兔肉，还有肚肺、鳝鱼，以及包子、鸡皮、腰肾杂碎，单价都在15文以内；此外，还有羊白肠、鲊脯、爊冻鱼头、姜豉、抹脏、红丝、批切羊头、辣脚子、辣萝卜等当街售卖。京城百姓把来这个夜市吃东西叫"杂嚼"，经常吃到三更半夜才肯罢休。

这么热闹的夜市，很多王公贵族都喜欢来逛，如果赶上了，还能看到宋徽宗的身影。

马行街夜市也不遑多让，主打小吃，有酸豆角、猪胰、胡饼、果木翘羹、灌肠、香糖果子之类。

想喝点儿酒？孟元老在书中交代：东京有72家规模大、档次高的酒店。其中，樊楼最为著名。《水浒传》里两次提到。一次是第七回，陆谦为让高衙内得到林冲娘子，骗林冲去樊楼吃酒。一次是第七十二回，宋江元宵节去东京，上樊楼寻个雅间坐下，取些酒食肴馔，边喝边赏灯。

此外，比较有名的酒楼还有：宋门外的仁和店、姜店，州西的宜城楼、班楼，金梁桥下的刘楼，曹门的蛮王家、乳酪张家，州北的八仙楼，景灵宫东墙的长庆楼，等等。至于小酒铺，更是多如牛毛。

酒店大都装饰考究。《东京梦华录》记载："凡京师酒店门首，皆缚彩楼欢门，唯任店入其门，一直主廊约百余步，南北天井两廊皆小阁子。向晚灯烛荧煌，上下相照。""不以风雨寒暑，白昼通夜，骈阗如此。"都是24小时营业。

至于酒价，孟元老也很贴心地告知了："街南遇仙正店，前有楼子后有台，都人谓之'台上'。此一店最是酒店上户，银瓶酒七十二文一角，羊羔酒八十一文一角。"一角相当于今天的1斤6两。好酒这个价，真不贵。

吃饱喝足去看戏吧。汴梁有很多酒楼、茶肆、勾栏瓦舍、彩棚露台等娱乐场所。《东京梦华录》记载："构肆乐人，自过七夕，便搬《目连救母》杂剧，直至十五日止，观者增倍。"从七夕演到十五，可见这《目连救母》杂剧已是比较长的连台本戏了，可以连演7天。

如果是冬至穿越过去的，从宣德门到南熏门这一块，就能看到大象车队。驯象师们戴着"交脚幞头"式的帽子，身着紫衫，骑跨在象背之上，手里拿着短柄铜镬。大象们走到宣德楼前时，会排成一列，环绕转圈，然后向北而拜。它们还能做出作揖唱喏的样子。

就这样，孟元老用10卷3万多字的篇幅，对北宋东京的城市生活进行了全景式记述。上至王公贵族，下及庶民百姓日常生活的方方面面，巨细无遗，收罗笔下。尤其值得一提的是，《东京梦华录》用字必用俗字，称物必用俗称。孟元老自己说了，之所以这样，不用文辞修饰，为的是让更多人能看得懂、看得进去。他是懂传播的。

小贴士

邓之诚的《东京梦华录注》，是《东京梦华录》自南宋问世以来的第一个注本，引书达150多种，提供了不少和原著互相印证的参考资料。这些资料无论对一般读者，还是对专业研究者而言，都是十分有益的。邓之诚的学生徐苹芳说："对《东京梦华录》这本书做全面的整理和解释，还是自邓先生开始，筚路蓝缕，功不可没。直到如今，还没有第二本书能够代替它。"此外，杨春俏译注的《东京梦华录》，题解、注释都很翔实用心，不落窠臼，提供了许多格外有趣的视角和解读，有助于读者拓宽知识面。侯印国译注的《东京梦华录》通俗易懂，特别是选用了《清明上河图》的细节图做插图，并配以56幅传世宋画，随文注解，直观展现了北宋都城的繁华。

《通志》
集天下之书为一书

如果有个年轻人，不参加高考，跑到山里自学，还放言要"集天下之书为一书"，您会怎么评价？大多数人是不是会认为他自不量力、逃避责任、浪费时光呢？不过，如果这个年轻人叫郑樵呢？毕竟，人家隐居山林30年，拿出了一部皇皇巨著——多达200卷500多万字的《通志》。

著作之功，由人不由天

郑樵生活在宋朝，是福建莆田人，心气很高，平生自认学问水平不下刘向、扬雄。靖康之乱后，宋室南迁，郑樵想为国家出把力，就向朝廷毛遂自荐，表示"使樵直史苑，则地下无冤人"，想整理史籍，为历史存真。南宋官员十分感动，拒绝了他。

于是，家境不错的郑樵，不走科举之路，踏上进山之路，搬进莆田西北的夹漈山，谢绝人事，专心读书、著书，冷板凳一坐就是30年。正如后来他给宋高宗上书时说的："臣本山林之人，入山之初，结茅之日，其心苦矣，其志远矣，欲读古人之书，欲通百家之学，欲讨六艺之文而为羽翼。如此一生，则无遗恨。忽忽三十年，不与人间流通事。"

这么大功夫下了，成果出了不少。郑樵自称"山林三十年，著书千卷"，现在能查考到的还有9类57种书，除去24种无卷数外，还有33种537卷。这么多著作背后，是郑樵丰富的藏书提供的支撑。南宋藏书家陈振孙能写出传世名著《直斋书录解题》，就是得益于在莆田读了以郑家为主的藏书。

一方面自己藏书，一方面还四处访求图书。"遇藏书家，必借留，读尽乃去。"也不管人家主人什么脸色，"闻人家有书，直造其门求读，不问其容否，读已则罢，去住曾不吝情"。这种博览群书的劲头，让人感佩。

为不使自己的著作湮没失传，郑樵把所著的经旨、礼乐、文字、天文、地理、虫鱼草木等书，进呈宋高宗。获得"诏藏秘府"的回答后，他回到家里，着手编著《通志》，计划是，"去年到家，今年料理文字，明年修书。若无病不死，笔札不乏，远则五年，近则三载，可以成书"。

1157年，《通志》初稿完成。严格来说，只是综合缮写，不是白手起家。郑樵之前进呈的书，都是《通志》的材料，所以《通志》的编著时间，至少是30年，可以说是用了他一生的精力才著成。正如他所言："穷通之事，由天不由人；著述之功，由人不由天。以穷达而废著述，可乎？此樵之志，所以益坚益励者也。"

总天下之大学术

200卷《通志》里，包括本纪18卷，世家3卷，列传108卷，载记8卷，四夷传7卷，世谱、年谱4卷，二十略52卷。

又是本纪又是世家的，怎么这么像纪传体史书？这就要说明一下郑樵写《通志》的目的了——"樵欲自今天子中兴，上达秦、汉之前，著为一书，曰《通史》，寻纪法制"。《通志》原来不叫《通志》，叫《通史》，他要写前所未有的、贯通古今的大历史。

郑樵以司马迁为例加以说明："司马氏世司典籍，工于制作，故能上稽仲尼之意，会《诗》《书》《左传》《国语》《世本》《战国策》《楚汉春秋》之言，通黄帝、尧、舜，至于秦、汉之世，勒成一书，分为五体。本纪纪年，世家传代，表以正历，书以类事，传以著人。"司马迁写《史记》是把多种史籍汇通成一部，我郑樵为什么不能"集天下之书为一书"呢？

因此，《通志》这部书，上起三皇，下迄隋代，是综合历代史料而成的通史。怎么综合？其实就是把旧史拿来，大量删削，连缀成书，导致本纪、列传并无新内容。《四库全书总目提要》把《通志》列入"别史类"，也正是看到《通志》虽有本纪列传，但参考价值有限。

那么，《通志》凭什么立足于书林呢？答案就在二十略上，这是《通志》的精华，也是《通志》中郑樵用功最深、创造性最强的部分，所谓"总天下之大学术，而条其纲目"，考据成果多集中于此。四库馆臣也不得不承认："其平生之精力，全帙之菁华，惟在二十略而已。"

《通志》二十略包括《氏族略》《六书略》《七音略》《天文略》《地理略》《都邑略》《礼略》《谥略》《器服略》《乐略》《职官略》《选举略》《刑法略》《食货略》《艺文略》《校雠略》《图谱略》《金石略》《灾祥略》《昆虫草木略》。

这里的略，就是一般史书里的志。郑樵改志为略，颇为自负："江淹有言，'修史之难，无出于志'。诚以志者，宪章之所系，非老于典故者，不能为也。"

比次、独断、考索三者皆备

郑樵确实"老于典故"，这二十略，别开生面，创见多多。

《校雠略》体现了郑樵的目录学思想。他在分类上有了进一步发展："学之不专者，为书之不明也；书之不明者，为类例之不分也""类例既分，学术自明"。出于准确分类的需要，郑樵非常重视著录和搜求亡阙之书，认为著录亡书是考镜源流所必需，提出"编次必记亡书"。对于稽考亡阙之书，他提出了许多方法，如"书有名亡实不亡""亡书出于后世""亡书出于民间""求书之道有八论"等。

《六书略》体现了郑樵文字学的最大特点——用六书来分析、归纳文字,并提出新的见解,比如,他不同意"止戈为武"的说法,很对。六书,即象形、指事、会意、形声、转注、假借六种造字法则,许慎创立之后就没有人用过。"郑樵第一个撇开《说文解字》系统,专用六书来研究一切文字,这是文字学上一个大进步。"现代学者唐兰如此评价,"汉儒的六书理论,本是演绎的,没有明确的界说,经他归纳过一次后,这种学说的弱点,就完全暴露出来了。"

《七音略》集中了郑樵的音韵学成果,一方面力纠韵书"有经无纬"及南朝只论四声之偏;一方面融眼学、耳学为一,指出了文字与语言的联系,还保存了大量中古语音的重要资料。

《灾祥略》取材于前代史书的《五行志》《符瑞志》,但剔除了迷信的成分,辨天人感应说之虚妄,可谓痛快淋漓。此外,《灾祥略》辑录史载有关天变、地震、日月蚀、水、旱、火、风等灾异,保存了天文、地理、地质、气象等方面的珍贵史料。

清代学者章学诚是郑樵的粉丝,他提出:"天下有比次之书,有独断之学,有考索之功,三者各有所主,而不能相通。"而郑樵的《通志》二十略却是三者皆备,材料编次排比自不必说,既有独立见解(所谓"独断之学"),又具考索之功,只是它的考索主要不体现在某一问题的结论上,而是体现在对有关材料的归纳、综合、抉择、类编等方面,从而达到通则的高度。

> **小贴士** 二十略是《通志》一书的精华部分,最值得读,不过市面上尚无有关的注释本、白话本。可以参看徐有富的《郑樵评传》以及吴怀祺校补编著的《郑樵文集》。

《洗冤集录》
"名侦探"宋慈的办案指南

清同治十二年（1873年），来中国考察的英国剑桥大学教授嘉尔斯，在宁波观看官府审理案件时，发现清朝的案件审理程序和英国截然不同，产生了很大的兴趣。更让他感兴趣的是，审案官员的公案上摆了一本书。

嘉尔斯记得自己经常在清朝衙门里见到这本书，就问这本书是写什么的。那个审案的官员告诉他，这是一本"办案大全"，审理刑事案件离不开它。不仅各级官员都有，就连那些幕僚、师爷也是人手一部。

这本书就是《洗冤集录》，中国古代第一部也是世界上第一部法医学专著，比西方最早的同类著作——意大利医生费德罗《医生的报告》还早350多年。《洗冤集录》曾先后被介绍到朝、日、法、荷、英、德、俄等国。英国学者李约瑟在《中国科学技术史》中，把《洗冤集录》称为"科学革命之前最伟大的法医学著作"。1976年，美国夏威夷大学中国史教授马克奈特翻译了该书，评价其"是世界现存最古的法医学著作，验尸的指南"。

为什么被称为指南？全书共5卷53篇，大体可分为四部分。首先，引录了有关尸体、伤病检验的条例法规，强调检验工作的政策性与严肃性，为后文论述提供了法理依据。

其次，从有关检验法规的具体实施、注意事项，到现场检验顺序、技术处理、尸体保存、检验结果的书面报告形式，再到对各种不同死因、身份、性别、年龄、死后变化程度差异的尸体做初检、复检的要领等，都做了系统的精辟论述，为判案断狱提供切实可靠的依据。

再次，详细论述了尸体变化征象、机械性损伤、机械性窒息、烧死、雷击死、中毒、急病死、饿死、生物性原因致死、尸骨、无名尸等特征及鉴别判断的要求，以及判定自杀、他杀的知识等。

最后，汇集了古代民间急救的种种单方与处置技巧，并加以甄别、说明、补正。

总的来说，书中对各种检验对象形态特征的描述，大都很准确。尤其对于死亡性质的判定，《洗冤集录》强调要在详细检验的基础上，结合现场情况及调查所得，综合分析，以作出尽可能符合实际的判断。

值得一提的是，在书中总结的检验体系中，初步运用了昆虫学、化学、光学的原理，不少论述至今仍具有科学价值。比如，借助苍蝇喜血的习性破获镰刀杀人案，形成了早期的"法医昆虫学"。

这是《洗冤集录》中有名的案例，说是某人被镰刀砍伤10多处而死，检验官让嫌疑人以及周边邻居上缴各家的镰刀，排列在地上。当时正是盛夏时节,其中有一把镰刀,招引许多苍蝇聚集其上。检验官立马将该镰刀的主人逮捕审问。此人不服。检验官指着镰刀让他自己去看:其他人的镰刀上都没有苍蝇,你杀了人,镰刀上的血腥气还在,所以苍蝇聚集其上,这难道隐瞒得了吗?凶犯只好叩头认罪。

把理论与实践结合得如此紧密,让人很难相信,这是将近800年前的书。能写出这样一部著作,作者宋慈厥功至伟。

嘉定十年(1217年)中进士后,宋慈在20多年时间里,辗转各地,掌管刑狱。在他看来:"狱事莫重于大辟,大辟莫重于初情,初情莫重于检验。盖死生出入之权舆,幽枉屈伸之机括,于是乎决。""大辟"即死刑,是最重的刑罚,这种刑罚是由犯罪事实决定的,而犯罪事实必经过检验才能认定,所以检验结果往往是生死攸关的。因此,对待检验决不能敷衍了事。

宋慈自称"四叨臬寄(干了四任执法官),他无寸长,独于狱案,审之又审,不敢萌一毫慢易心",这确实是他多年为刑狱之官的写照。为使检验真正做到实事求是,宋慈不受"不能检验隐秘部位"教条的束缚,告诫检验官员:切不可令人遮蔽隐秘处,所有孔窍,都必须细验,看其中是否插入针、刀等致命的异物。

学者出身的宋慈,本无医药学及其他相关知识。为弥补这一不足,他一方面刻苦研读医药著作,把有关的生理、病理、药理、毒理知识及诊察方法运用于检验死伤的实际工作中；另一方面，认真总结前人的经验，以防止"狱情之失"和"定验之误"。

好友刘克庄在为宋慈写的墓志铭中赞扬他："听讼清明，决事刚果，抚善良甚恩，临豪猾甚威。属部官吏以至穷阎委巷、深山幽谷之民，咸若有一宋提刑之临其前。"意思是说，宋慈的权威，在于其清明公正。恩加良善之人，威震狡猾之辈，属下官员乃至深山老林里的老百姓都佩服他，时时感到"宋慈就在面前"。

为纠正当时检验工作中存在的诸多问题，宋慈对传世的尸伤检验著作加以综合、核定和提炼，并结合自己的实践经验，在淳祐七年（1247年）冬，完成了《洗冤集录》。该书内容之系统、涉猎之广泛、研究之深刻，使历代法医学家惊叹不已。

此书一出，自南宋迄清的数百年间，各代官府都将其奉为刑狱案件中尸伤检验的指南和经典。宋慈希望同道能继续相关探讨，他在书中说："贤士大夫或有得于见闻及亲所历涉，出于此集之外者，切望片纸录赐，以广未备。"后代学者确实也进行了颇多研究，相继有《平冤录》《无冤录》《律例馆校正洗冤录》等几十种法医检验专著问世，但均未超出《洗冤集录》的内容和水平。

当然，由于历史阶段的局限，技术条件的限制，同道交流的缺乏，《洗冤集录》中有些内容较为片面。有的时候，宋慈将个别现象、偶然因素、毫无联系的征象视为普遍规律，因此所作结论未必都正确。他对人体解剖、生理的认识也有局限,有的缺乏科学性,甚至掺杂着迷信色彩,这是阅读时要注意甄别的。

小贴士

高随捷、祝林森译注的《洗冤集录》以上海图书馆所藏孤本——元刊大字本为底本,不仅对原书进行了校勘,对各种术语、名词进行了翔实的注释、客观的评价,而且用白话进行了今译,方便读者阅读。还可参看黄瑞亭、陈新山译注的《洗冤集录》,同样精审。徐知三编译的《洗冤集录》除了对原典进行精准的注释和翻译,还设置相关知识链接,以便读者在了解法医知识的基础上,进一步了解中国法医学文化。值得一提的是,何冰主演的电视剧《大宋提刑官》为宋慈塑造了一个经典的荧屏形象,值得一看。

《文献通考》

遗民成就三通压轴之作

南宋失败了，马端临没有。

宋末元初，很多南宋士人不与元朝合作，或入深山，或归林泉，读书著书，以此明志。郑思肖著有《心史》，王应麟写下《困学纪闻》，胡三省注释《资治通鉴》……马端临的成果则是《文献通考》——多达348卷，记载了从上古到宋宁宗时的典章制度。

脱胎自《通典》

马端临是江西乐平人，丞相马廷鸾之子。宋末，他就随父在老家隐居。南宋倾覆之后，降元的丞相留梦炎，曾经招请他到北方去。马端临拒绝了，一直在南方从事民间教育事业，做过慈湖书院山长、柯山书院山长、台州儒学教授，直到离世。

在宋末元初天下板荡之际，马端临"用心二十余年"，撰写、刻印、校勘《文献通考》，以此作为迎击风浪的压舱石。

写《文献通考》，马端临受杜佑《通典》的影响不小，体例、编纂方法与《通典》相同，门类分了24门，多是沿用《通典》之旧，其中19门——田赋考、钱币考、户口考、职役考、征榷考、市籴考、土贡考、国用考、选举考、学校考、职官考、郊社考、宗庙考、王礼考、乐考、兵考、刑考、舆地考、四裔考，都是《通典》所创制的，只有经籍考、帝系考、封建考、象纬考、物异考5门，是马端临新创立的。

既然脱胎自《通典》，为何不干脆叫《续通典》得了？主要是马端临想"青出于蓝而胜于蓝"：《通典》有的，我也有，涵盖时间更长，内容更丰富；《通典》没有的，我补上，体系更完备。总之，他要在前贤著作的基础上，再写一部更大、更全的典章制度通史，来说明历史的"会通因仍之道"。

对此，《四库全书总目提要》如此评价："（《文献通考》）亦多能贯穿古今，折衷至当，虽稍逊《通典》之简严，而详赡实为过之，非郑樵《通志》所能及也。"顺便把这"三通"做了一番比较排序。

文、献、注，三合一

"文献"一词出现在古书里，是从"子曰"开始的。《论语·八佾》里说："夏礼吾能言之，杞不足征也；殷礼吾能言之，宋不足征也；文献不足故也。足，则吾能征之矣。"汉、宋学者注释这句话时，都把"文"解释为典籍，把"献"解释为贤人。

用"文献"一词作为著作名，起于马端临。他在《文献通考·自序》中说："凡叙事，则本之经史，而参之以历代会要，以及百家传记之书。信而有证者从之，乖异传疑者不录，所谓'文'也。凡论事，则先取当时臣僚之奏疏，次及近代诸儒之评论，以至名流之燕谈，稗官之纪录。凡一话一言，可以订典故之得失，证史传之是非者，则采而录之，所谓'献'也。"

这里，马端临谈的是编写该书的取材不外两个来源：一个是书本的记载，一个是学士名流的议论。"丞相儿子"的身份，给了他搜集史料、接触名流的有利条件，所以《文献通考》中，采录时人的议论很多，他父亲的话也照录。

全书的写作形式，也充分体现了"文"与"献"相互依倚的作用——凡是顶格写的，都是书本记载；凡是低一格写的，都是名流贤士的议论，二者交相为用，成为名副其实的"文""献"通考。

此外，马端临自己发的议论、注解则用一"按"字加以区别。如此一来，文、献、注三者结合为一，眉目清楚，方便读者查阅。这种编著方法，总结了以前历史学家的经验，加以系统化、合理化，已进入历史科学研究的领域，是中国史学史上光辉的成就。

后世不可无之书

史书价值，主要体现在所保存的史料上。

清代学者章学诚批评《文献通考》，说它像类书，没有什么"别识通裁"，认为马端临热衷于堆砌材料，不做裁剪。但事实上，《文献通考》为后世保存了原始的史料，而且整理了门类，便于后世查考，这就是它在史学上的巨大贡献。

在后人眼中，旧史书中体现的作者识见并不重要，都只能算作思想史料。材料完整、真实准确、能成系统才是好的史书，才是后人做历史研究的起点。要想在前人写的史书里挖掘出后人眼中的"别识通裁"，那才是不切实际的。

《文献通考》的材料丰富，分类详细，而且有许多其他书所不能见到的珍贵材料，例如，征榷、市籴、土贡三考，提供了许多研究经济关系的具体材料；象纬考、物异考，提供了许多研究自然现象的具体材料；经籍考则提供了许多研究文化发展的具体材料。尤其是书中关于宋朝的典章制度，最为珍贵。因为主要记载此类内容的《宋会要》，大多损失于明朝。《文献通考》对于宋朝的典章制度，叙述得特别详细，可以弥补《宋会要》之失。

顾炎武曾经说过，马端临的《文献通考》，以一生精力成之，"遂为后世不可无之书"。不是没有道理的。

三通、九通、十通

《文献通考》书成之后，受到历代统治者的重视。乾隆就评价此书道："诚考据之资，可以羽翼经史，裨益治道，岂浅鲜也哉？"

历史上，《文献通考》和《通典》《通志》并称"三通"，影响很大。到了乾隆时期，国家设立"三通馆"，负责编修"续三通"和"清三通"，即《续通典》《续通志》《续文献通考》《清通典》《清通志》《清朝文献通考》。

这6部书都是仿照《通典》《通志》《文献通考》的体例而作，连同它们的"师傅"，合称"九通"。其中，《续通典》《续通志》《续文献通考》的材料都采自宋、元、明史，不是上等材料。《清朝文献通考》在"清三通"中成书在前，材料来自当代档案，比较有价值。《清通典》《清通志》的材料则转抄自《清朝文献通考》。

既然修了"续三通"，为啥还要再另外弄个"清三通"？原因很简单，清朝统治者要求把本朝的典章制度作突出处理，以示水平最高。

到了清末民初，学者刘锦藻编著出400卷《清朝续文献通考》，对乾隆到宣统之间的典章制度进行梳理，并增加外交、邮传、实业、宪政四门，很有用。该书加入"九通"，成为"十通"。

小贴士

上海师范大学古籍研究所和华东师范大学古籍研究所联合整理点校的《文献通考》，以乾隆十二年（1747年）武英殿校刊本为底本，以余谦补修本、慎独斋本、冯天驭本、光绪二十二年（1896年）浙江书局刻本为校本，并查阅《文献通考》所用的其他书籍，吸收近人校勘成果，凡校正讹误之处，于卷末写出校勘记，大大方便了学界对《文献通考》一书的使用和相关领域的研究。王瑞明的《马端临评传》论述了马端临生平业绩，对其时代背景、家庭出身、政治理想、经济意向、史学思想、治史方法，分别进行解说，最后，对《文献通考》的文献学成就、写作旨趣及历代评议做了简要介绍，如实反映了马端临的真实面貌与史学成就。

唐才子传

元代

南村辍耕录

《唐才子传》
读唐诗不可错过的一本书

"颂其诗,读其书,不知其人,可乎?"孟子知人论世的观点,想必辛文房听进去了,所以有了第一部唐代诗人传记专书——《唐才子传》。

唐诗在中国文化中,是妥妥的"C位"。中国人自打启蒙起,就背诵"鹅,鹅,鹅,曲项向天歌"。李白、杜甫,是中华民族集体记忆中最牢固的DNA。这些诗人的生平事迹,更是代代流传。《唐才子传》作为了解这个群体的首要文献,其价值无以复加。

鲁迅先生给友人许寿裳的儿子许世瑛开列的中国文学学习书目中,位列第二的就是《唐才子传》(第一是宋代计有功的《唐诗纪事》),可见其地位。清人伍崇曜盛赞此书:"评骘精审,似钟嵘《诗品》;标举新颖,似刘义庆《世说》;而叙次古雅,则又与皇甫谧《高士传》等相同。"把该书跟《诗品》《世说新语》《高士传》等名作相提并论,一方面说明其史学价值之大,另一方面也指出其写作水平之高。

能写出这样的书,作者辛文房是何许人也?他是元代西域人,大概是少数民族,可能生于元世祖至元年间,早年曾在江南地区游历学习,后在国史院当过编修官。生平虽然模模糊糊,但可以确定的是，辛文房很喜欢唐诗，名字都是从唐代诗人的名字中集纳而成的——他的名"文房"是"五言长城"刘长卿的字，他的字"良史"是"弄花香满衣"于良史的名。

辛文房自己也写诗，但作品没流传下来，有些遗憾。不过，10卷《唐才子传》流传下来了，则是幸事一件。该书在元成宗大德八年（1304年）写成，共有278篇传记，记述了初唐至五代的诗人398人。

翻开这部书，条例一目了然：每篇传记大致都包括传主名字及地域、进士登第年份、生平经历、诗歌创作、与传主或其诗有关的趣闻逸事、诗集或作品流传情况，以及辛文房对传主、诗歌或某些诗歌现象的评论等。

从唐到元，中间隔了几百年，加上唐代时雕版印刷术没有普及，因此，很多唐代诗人的作品都散佚了或者面临散佚的风险。辛文房做了大量案头工作，从唐五代诗人的自传、别传、行状、墓志、诗文别集、总集（如《河岳英灵集》《中兴间气集》等）、笔记（如《唐摭言》《朝野佥载》）等文献资料中爬梳，可谓披沙拣金，集腋成裘。

除此之外，辛文房编书的不少材料还来自正史，如《旧唐书》《新唐书》等；也广泛采择唐五代以后的诗选、诗评、笔记等材料，如《诗话总龟》《唐诗纪事》《沧浪诗话》《北梦琐言》等；对公私目录类的著作也充分利用，如《新唐书·艺文志》《郡斋读书志》《直斋书录解题》等。这么一来，后世读者想要了解唐代诗人的事迹，一本《唐才子传》足矣，大大省去翻检各种书籍之劳。

为什么要做这些细致烦琐的工作？辛文房坦言："于兹传中，族匪闻望，官不隆重，俱以一咏争长岁月者亦多，岂曰小道而忽之。"意思是，在这本《唐才子传》中，那些家族没什么名望，官位也不显达，却因一首诗而名垂后世的人很多，怎么能说诗歌是小道就忽略它呢？在辛文房看来，只要有好的诗歌作品，就值得在历史上留下一笔。

书中记述的才子群体，反映出辛文房心目中唐代诗人的形象。首先，这些才子的社会地位很高，深受各界尊重。

比如，"才名一时钦动"的李涉曾路遇强盗打劫。强盗头子在得知他是"李山人"后，不但不许抢他，还向他求诗。李涉写道："暮雨潇潇江上村，绿林豪客夜知闻。他时不用藏名姓，世上如今半是君。"强盗闻之大喜，送了他不少牛肉美酒，礼送出境。无独有偶，"临沂子"王毂去解救被无赖围殴的朋友，只说了一句：别打啦，我就是写"君臣犹在醉乡中"的人。无赖们听后，居然"惭谢而退"了。知识就是力量啊。

其次，在这部书里，唐代才子个个都才华横溢、个性十足，虽然穷达迥异，但各具魅力。这让人不能不佩服辛文房对材料把握、选择、剪裁、改写的功力。

比如，关于李贺的不得志，辛文房写道："（李贺）尝叹曰：我年二十不得意，一生愁心，谢如梧叶矣。"这段文字源自李贺《开愁歌》中的诗句"我当二十不得意，一心愁谢如枯兰"。辛文房用李贺的话来写李贺的愁闷，不仅把诗句转化为当时的白话，而且为了渲染李贺的苦境，把"枯兰"换为更加凄凉的"梧叶"。这种合理的想象与改动，让李贺惆怅满腹的形象跃然纸上。

再次，跟正史中诗人传记端正持平、注重仕途履历的写法不同，《唐才子传》主打一个"八卦"，绝不"端着"，搜罗逸事趣闻，狠挖灵魂深处，让才子们的形象更有层次、更有趣味。

比如，讲杜审言自视甚高、恃才傲物，尤其看不上同为"文章四友"的苏味道。有一次，杜审言参加吏部试写判词的考试，结束后对别人说："味道必死。"别人吃惊地问怎么回事。杜审言说："彼见吾判，当羞死耳。"意思是，他看见我的判词，应当会羞愧而死。

又如，讲李白云游四方，来到陕西，因为"醉驾"——乘醉骑驴，被县令痛斥无礼。县令问他是谁。李白不说，写下书面供词道："曾令龙巾拭吐，御手调羹，贵妃捧砚，力士脱靴。天子门前尚容走马，华阴县里不得骑驴？"幽了县令一默。

诗人往往疏于人情世故。书里讲了孟浩然这么一件事。说有一次，王维在金銮殿值班，私约孟浩然来聊诗歌。突然，唐玄宗来了。孟浩然吓得赶紧躲到床下。王维不敢隐瞒，跟唐玄宗说了。唐玄宗说：我早就听说过他，一直没见到。于是让孟浩然出来，问：你带诗歌来了吗？孟浩然说：没带。唐玄宗就让他把最近写的吟诵一下。这是多好的机会啊。可孟浩然偏偏来了这么一句："不才明主弃，多病故人疏。"唐玄宗一听就不高兴了，说："卿不求仕，朕何尝弃卿，奈何诬我？"你不追求当官，就谈不上我弃而不用，你这是诬陷我。这下，孟浩然的官路彻底被堵死了。

此外，写诗人传记，免不了要品评一下诗人的风格、水平。这一点，辛文房的点评水平也是不遑多让的。比如，评刘长卿的诗歌是"诗调雅畅，甚能炼饰"，说王昌龄的诗歌是"奇句俊格，惊耳骇目"，讲李商隐的诗是"瑰迈奇古，辞难事隐"，认为岑参的诗"超拔孤秀，度越常情"……都很贴切。

这么一部"花团锦簇"式的大作，差点"零落成泥碾作尘"。从元代至明初，国人尚能看到全本。到了清代，《唐才子传》全书已佚。清代诗人王士禛就不无遗憾地说："《全唐诗话》《唐诗纪事》二书，例皆以诗系人，文房此书视二书当尤详备，惜今无传矣。"所幸《永乐大典》里有引录，四库馆臣据此辑出8卷本《唐才子传》。失之东隅，收之桑榆。没承想，日本有元刊本《唐才子传》10卷足本。光绪时期，杨守敬在日本访得，国内这才得见全璧。该刊本也成为后来出版的此书众多全本的祖本。

小贴士

《唐才子传》自成书之后,首先对其进行较深研究的专著,是日本学者布目潮渢、中村乔的《唐才子传之研究》。对此,古籍整理名家傅璇琮认为,"中国的学者有义务对此做出更大的努力",故而组织专家学者对《唐才子传》进行大规模校笺,编成质量更高的巨著《唐才子传校笺》,纠正原书讹误,补充未尽事宜,校勘精审,堪称定本。此外,王大安校订本《唐才子传》、舒宝璋校注本《唐才子传》、周本淳《唐才子传校正》、孙映逵《唐才子传校注》、张萍与陆三强选译本《唐才子传选译》、李立朴《唐才子传全译》、周绍良《唐才子传笺证》等著作,也为进一步整理、完善和普及《唐才子传》奠定了坚实的文献基础。普通读者可参看关鹏飞译注的《唐才子传》——对原书篇幅较长的篇目,做了分段处理,以便读者与注译对照阅读;每卷卷首设置题解,介绍本卷诗人传记概况及其重要或特色之处,以便读者把握重点;注释方面,注重字词解释及典故说明,对于书中较重要的史事讹误,尽量吸收学界考证成果予以订正;对于正文中涉及的诗句,一般也在注释中做较为详尽的译解。

《南村辍耕录》

叶子之上写春秋

中国人应该感谢黄道婆。

她改进的手工棉纺织技术和工具,使得棉布质量和产量得到很大提升,极大改变了之前"富穿丝穷穿麻"的穿衣习俗,因此,黄道婆被后世尊为"布业始祖"。德国汉学家、中国纺织史专家库恩认为她所革新的三锭纺车是当时世界上最先进的纺纱工具,比西欧早了400多年。

黄道婆应该感谢陶宗仪。

在中国古代社会,妇女大多遭歧视,科学发明也不受重视。像黄道婆这样的女技术专家,正史里没有一个字的记载。而陶宗仪在他的笔记——《南村辍耕录》里,为后人留下了一段关于黄道婆、关于棉纺织技术改进的最早史料。

这就是笔记的价值。如果说正史好比中国史学的骨架,那么以笔记为代表的各种杂史、野史就是中国史学的血肉了。

学者刘叶秋说过,历代笔记充溢着中华民族丰厚的精神气质,它是叙事文体园地里的一株微纤而又极富生命力的菁英;它隶属于作家的生活经历、人生体验和学术心得范畴,并较为完整地保留了中华文化的原生色彩。

《南村辍耕录》就是这样一部笔记。据考证,作者陶宗仪年轻时入不了仕途，中年隐居在今天的上海地区，勤于著述，尤其注重稗官野史。《南村辍耕录》成书在元末，书前有序称作者劳作之余，在树荫辍耕休息，想起什么事，就摘叶子记下来，写完放在一个破盆里。就这么积累了10年，用了十几个盆子，这才编录成书。

正如其他笔记体著作一样，这部书内容广泛，共30卷，记事585条，"上兼六经百氏之旨，下极稗官小史之谈"，大凡朝廷典章、法令制度、文人逸事、风俗趣闻，都有涉及，所谓"昔之所未考，今之所未闻"，足以弥补史传的阙失。比如，卷二"置台宪""宣文阁"两条记载御史台的建置沿革、宣文阁的职掌，以及两个机构的人员配备；卷五"劈正斧"一条记录元朝皇帝登极、正旦、天寿节等在大明殿朝会时的仪仗；卷二十一"宫阙制度"详密地记述京师宫阙制度的安排，都是有关元代的典制，为他书所未详。

书内所记其他史料，多有可采之处。如卷三"贞烈"一条记载，至元十三年（1276年），元朝大举进攻南宋，元军主帅伯颜统兵进入临安（今浙江杭州），掳掠宫妃、民妇，死者甚众。被抢入元宫的南宋宫人，有自缢而死的，皇帝还命令将其断首高悬。迫害镇压之残酷，可以想见。

同卷"岳鄂王"一条，讲柯九思等人不忍看到岳飞墓颓废的样子，倡议重修。郑元佑作了一篇文章，内中有这样的警句："方略如霍嫖姚,不逢汉武,徒结志于亡家;意气如祖豫州,乃遇晋元,空誓言于击楫。"卷四"挽文丞相诗"一条记录徐世隆、虞集七律各一首,一唱三叹,感慨淋漓,"何须更上新亭饮,大不如前洒泪时"。这些都反映出元代士大夫对岳飞、文天祥两位英雄的崇敬。

除了这些比较"高大上"的记录,《南村辍耕录》更关心历史的"细枝末节",这些地方往往最能反映出当时社会的真实情境。正如《四库全书总目提要》所评论的:"(该书)首尾赅贯,要为能留心于掌故……元代朝野旧事,实借此书以存,而许其有裨史学。则虽瑜不掩瑕,固亦论古者所不废矣。"意思是,这本书尽管有些问题,但保存了不少元代的朝野掌故,有裨史学。

比如卷二的"杀虎张"一条,讲无极(今河北无极)人张兴祖有勇力,是元朝将领阿里海牙手下一员悍将,"平生射虎数十"。有一天,张兴祖遇到一头老虎,一箭将虎射倒。受伤的老虎趴在地上继续咆哮。张兴祖对左右人说:听说用活老虎的髭须剔牙齿,可以医治风病。于是,他上前去拔虎须。老虎大怒反抗,用爪子抓烂了他的靴子,但还是被拔须了。这之后,人们称他为"杀虎张";再后来,他被赐名"拔突"(亦曰拔都)。

从这条记载中至少可以看出两方面问题。一个是元代的老虎问题看来是比较突出的,虎患猖獗,因此,朝廷鼓励人们捕杀老虎。书里讲了,张兴祖就因杀虎颇多而获得"真定新军万户"的官职。另一个是语言方面的问题,从这里可见,清人以"巴图鲁"为勇士之称,实与"拔突"为一语。

此外,《南村辍耕录》所载时事、文学、书画、医术、技艺、民俗等方面的记叙与考证,都不乏使用有意思的材料。

比如卷四"妻贤致贵"一条,记一个叫程鹏举的在宋末时被抓与张万户为奴,在张万户家和另一位被掳女子结为夫妻。妻子劝程鹏举逃走,互换鞋履作为将来相见凭证。30多年后,程鹏举当了大官,经过一番寻找,得与其妻团聚。这个故事说明当时蒙古人、色目人等多掳掠汉人为奴,并反映出当时的"俘虏婚姻"制度。京剧大师梅兰芳根据这一故事,改编创作了《生死恨》一剧。

又如卷五"题跋"一条,记录了三条跋语,短小精悍,语意警切。其中冯子振的《题杨妃病齿图》尤其好。这里有个背景先交代一下,据说杨玉环经常牙疼,以至于元代诗人宋子虚这样写道:"一点春寒入瓠犀,海棠花下独颦眉。内厨几日无宣唤,不向君王索荔枝。"因为牙疼,一向爱吃荔枝的杨贵妃不能吃了,内厨颇得几分清静。冯子振则把眼界放宽、抬高,如此写道:"华清宫,一齿痛;马嵬坡,一身痛;渔阳鼙鼓动地来,天下痛。"文辞阔达,层层递进,实为佳作。

此外,卷十五记录医家十三科,为关于中医科目的记载;卷二十五记录院本名目,卷二十七记录杂剧曲名,都是有关元代戏曲的史料；卷二十七的"裱背十三科"，谈论裱画的常识；卷二十八的"画家十三科"，留下了当时的绘画题材；卷二十九记墨的制造和唐宋元制墨的名家，是有关造墨的史料；卷三十的"印章制度"，为有关印篆的史料……皆足资考证。

关于社会生活的记载也不少。比如卷五"发烛"一条，讲杭州人把松木削为小片，其薄如纸，熔化硫黄涂在木片顶，是为发烛，"盖以发火及代灯烛用也"。这不就是火柴吗？

总之，该书所载，多为当时之事，有的还是陶宗仪耳闻目睹，是发生在他身边的事，所以，叙述起来具体生动，语言也朴素自然。一般说来，材料是较为可信的。当然，就像很多笔记的通病，书中有些事也只是传闻而已，不足为凭，谬误也不少，阅读时需要注意甄别。

小贴士

李梦生校点的《南村辍耕录》,简体横排,眉目清晰,虽然没有注释和译文,但陶宗仪的遣词造句,本就浅白易懂,并不古奥,因此读起来障碍很少。王雪玲校点的《南村辍耕录》,繁体竖排,校勘精审,选用的底本很好,学术界很推崇。

本草綱目

四部正訛

明代

天工开物

徐霞客游记

《本草纲目》

集本草之大成，实中华之重宝

1590年的一天，江苏太仓弇山园，主人王世贞迎来一位年迈的远方来客。

贵为文坛领袖，王世贞对来人赞不绝口："晬然貌也，癯然身也，津津然谭议也，真北斗以南一人。"意思是，此人外貌温润，身材清瘦，言谈很有内涵，真是天下第一流的人物。

能让大文豪如此动容的人，正是湖北蕲春人李时珍。此番前来，李时珍别的没拿，只带着他的书稿——《本草纲目》，希望王世贞能写一篇序，好提升此书的知名度。

王世贞慨然应允，留李时珍在家里住了几天，写序称这部书"博而不繁，详而有要，综核究竟，直窥渊海"，不仅是一部医书，"实性理之精微，格物之通典，帝王之秘箓，臣民之重宝也"。

这个评价并不夸张，对得起李时珍几十年的付出。

李时珍的父亲李言闻是一名医生。20岁那年，李时珍罹患肺痨，就是他父亲治好的。李时珍事后感叹：用药对症，就好像鼓槌敲在鼓上一样，立刻发出声响，"医中之妙，有如此哉！"从此，他对医药产生了浓厚的兴趣。

23岁时，李时珍第三次参加乡试不中，从此不再留心举业，而是发奋读书，所谓"读书十年，不出户庭"。同时，他专心钻研医学，和父亲一起出诊。时人称赞李时珍："千里就药于门，立活不取值（报酬）。"不光医术高明，医德也让人赞佩。

读书行医过程中，李时珍发现，前人写的不少本草书，药物品种不全，还有不少错误。例如，在分类上经常出现"玉石水土混同，诸虫鳞介不别"的情况；在记载药物方面，"名称多杂，或一物而析为二三，或二物而混为一品"；所绘图形也是"图与说异，两不相应，或有图无说，或有物失图，或说是图非"。总之，"其中舛缪差讹遗漏，不可枚数"。于是，李时珍决心要编一部完备的本草书。

本草就是中药的意思。由于绝大多数中药都来源于植物，其中又以草类最多，因此，中药书大都以"本草"命名。中国本草学有着悠久的历史，《神农本草经》是现存第一部记载药物的专书。后来各个时期都有本草著作问世，比如唐代的《新修本草》、北宋的《证类本草》。

35岁那年，李时珍开始"搜罗群籍，贯串百氏"，着手编著《本草纲目》，那年是嘉靖三十一年（1552年）。到了万历六年（1578年），《本草纲目》脱稿，历时26年。全书50卷，190多万字，将药物分成16部，分别是水、火、土、金石、草、谷、菜、果、木、服器、虫、鳞、介、禽、兽、人体附着物；每一部又分成若干类，比如草部分为山草、芳草、湿草等9类，木部分成香木、乔木、灌木等6类。这样，共有62类，记载药物1892种、药方11096张，并附有动植物插图1110幅。

为写此书，李时珍先后查阅了前人医学著作800多种，荟萃成书，"复者芟之，阙者辑之，讹者绳之"，并向农民、猎户、药农、铃医请教。为求准确，李时珍对《本草纲目》所收录的药物"一一采视"，亲自采集药草、解剖动物、炼制矿物，决不人云亦云，足迹遍布湖南、湖北、安徽、江西、江苏、河北、广东等许多地方。

在路上，李时珍随时随地调查研究。有一次在旅途中，他看到北方的车夫经常带着一种叫"旋花"的粉色小花，于是向车夫请教。车夫告诉他，这是"暮归煎汤"饮用的。因为他们是干力气活儿的，这草每晚煎汤喝下，可以舒筋活血、补气长力。于是李时珍就记录下来，在《本草纲目》中写道：过去医书中旋花"益气续筋之说，尤可征矣"。

在如此严谨的治学态度下，《本草纲目》纠正了不少前人的错误。比如，南朝陶弘景在《神农本草经集注》中写道：穿山甲会在水边张开鳞甲装死，引诱蚂蚁爬入它的鳞甲，等蚂蚁爬满一身，穿山甲就收起甲片钻入水中，然后张开鳞甲，结果蚂蚁都浮出水面，它就"接而食之"。

真是这么回事吗？李时珍没有轻信。在猎人帮助下，他抓到一只穿山甲，解剖之，在其胃中发现一升多蚂蚁。经过实地考察，李时珍发现，穿山甲虽然吃蚂蚁，但不是像陶弘景说的那种吃法，而是直接挖掘蚁穴，用细长的舌头进行舐食。

此外，《本草纲目》记录了不少新药。比如三七，历代本草书都没有提到。李时珍在行医中发现这种药治疗跌打损伤的功效很突出，就收入书中，详细记述了其药用价值，指出无论对出血还是瘀血都很有效，只要把它嚼烂敷在伤口上，出血立马就能停止，青肿也随即消散。

除了在中药学上取得了巨大成就，《本草纲目》在文学叙事上的高超技巧也不遑多让。书中解释禽、鱼、花、果的很多篇章，都是优美的散文。其中有一条解释李子，李时珍只用了180多个字，就把十几种李子的不同形态、气味、颜色、产地、产时讲得清清楚楚。

为了完成这一巨著，李时珍动员了全家，包括他的4个儿子、4个孙子，以及门人弟子参加这一工作。功不唐捐，《本草纲目》一经刊印，用《四库全书总目提要》的话说，就是"业医者无不家有一编"，真正是泽被后世，救人无数，当得起"盖集本草之大成者无过于此矣"的评价。

> 小贴士
>
> 刘衡如于20世纪70年代校勘的《本草纲目》标点本问世后,广受好评,流传很广,成为《本草纲目》通行的读本。但由于当时资料所限,在版本、校勘方面仍存在许多问题未能解决。故全书出版后,刘衡如立即重新校勘,直至病逝。刘山永子承父业,详细考察《本草纲目》各种版本,对明、清重要版本反复进行校勘,经过10年努力,《本草纲目》新校注本始告完成。《本草纲目》的原貌这才得以最大限度地还原。另外,王家葵的《〈本草纲目〉通识》介绍了中国本草源流及各时期的代表著作,详细剖析了《本草纲目》的体例架构与版本沿革,并勾连与生活息息相关的用药经验,把《本草纲目》中有趣的"冷知识"提炼出来,令读者在兴味盎然中走近、了解《本草纲目》。

《四部正讹》
伪书现形记

在古籍真伪问题上,胡应麟眼里容不得沙子。他一生考辨群书,涉及经史子集四部100多种书,其中认定是伪书的约有80种,并写成了我国第一部辨伪学专著——《四部正讹》。

这部书第一次归纳分析了伪书类型,第一次总结了可应用于实践的辨伪方法,对伪书价值的认识可谓前无古人,是我国辨伪学发展成熟的标志。梁启超赞誉道:"全书发明了许多原理原则,首尾完备,条理整齐,真是有辨伪学以来的第一部著作。我们也可以说,辨伪学到了此时,才成为一种学问。"

能获得这样高的评价,一个重要的物质基础就是,胡应麟家里藏书多,他本人看书多,想法也多。胡应麟是浙江兰溪人,万历四年(1576年)中了举人后久不第,干脆筑室山中,藏书4万多卷自娱。他如此自白:"于他无所嗜,所嗜独书,饥以当食,渴以当饮,诵之可以当韶韺,览之可以当夷施,忧藉以释,忿藉以平,病藉以起色。"在饿时书可充饥,渴时可解渴,诵之如闻雅乐,览之如见美人,可解烦忧,可平愤懑,就是生病,看书后也有起色。难怪清代藏书家朱彝尊誉其为"读书种子"。

读起书来,胡应麟真是废寝忘食,"不敢以鸿儒自居,不致以空疏自废"。而且他勤思善疑,"有概于心,则书片楮投箧中",

笔耕不辍。面对古籍真伪错杂的现象，胡应麟秉持严谨审慎、实事求是的治学态度，"惟其是而已"，遍考群书，认为："真其所真，伪其所伪，使真伪各得其用，此吾辈读书应有之态度，亦所以为来者辟一读书之坦途也。"

为后来者开辟读书坦途，胡应麟做到了。他不仅对伪书做定性分析，而且从宏观上做定量分析，他在《四部正讹》结束语中说："凡四部书之伪者，子为盛，经次之，史又次之，集差寡。凡经之伪，《易》为盛，纬候次之。凡史之伪，杂传记为盛，琐说次之。凡子之伪，道为盛，兵及诸家次之。凡集，全伪者寡，而单篇列什借名窜匿甚众。"也就是说，子部伪书最多，集部最少；经部书中，围绕《易经》作伪情况最严重；史部书中，传记类伪书多；子部书中，涉及道家、兵家的伪书多；集部书中，全伪的情况少，多是个别篇章混入别人的集子。这番议论十分符合实际情况。

具体书目上，《四部正讹》创见颇多。比如《周易乾凿度》，胡应麟征引文献证明该书宋代已有，可能是宋代人伪作的，但其中尚存魏晋时期的文字材料，可以作为反映魏晋时期思想的文献来使用。

比如《鬻子》，胡应麟考辨后认为传世的《鬻子》一书，非道家言，乃儒家言，并且不是文王之师鬻熊的作品，而是战国人依托的。他参考诸说，从史实、思想、文字风格诸方面加以考证，不仅抉择有据，而且补充了新的证据，有所发明。

比如考证兵书，胡应麟认为《孙子兵法》《尉缭子》不用怀疑，《吴子兵法》虽非吴起自著，但也不是后世伪作，这都是有识之见。1972年，山东临沂银雀山汉墓出土之竹书残本有《孙子兵法》《尉缭子》等书，可印证胡应麟的判断是正确的。

胡应麟并不仅仅是这样一本书一本书地分析，还注重揭示伪书产生的原因，总结规律，对于辨伪有重要的指导意义。在他之前，虽已有人涉及这一问题，但比较零散。胡应麟是最早做系统归纳和总结的人，他在《四部正讹》中提出了21种作伪的情况，比如"有掇古人之事而伪者"，什么意思呢？胡应麟举例说明，《史记》记载老子出关，遇到关令尹喜，留下五千言而去，后世有好事者就假托伪造了《关尹子》一书。既有条例，又有实例，相得益彰。

就这样，胡应麟针对复杂的情况，条分缕析，详尽而不烦琐，颇得纲要。另外，他辩证地看问题，不简单化、绝对化，因此对于真伪混杂之书，能注意辨别剔抉；对于全伪之书的价值，能给出恰当的评价。例如，他认为《子华子》一书是宋代之后伪造的，但文采有可观之处。没有一棍子打死。

分析了伪书情况，胡应麟接下来系统总结了辨伪的方法，即"胡氏辨伪八法"："覈之《七略》以观其源，覈之群《志》以观其绪，覈之并世之言以观其称，覈之异世之言以观其述，覈之文以观其体，覈之事以观其时，覈之撰者以观其托，覈之传者以观其人。"覈，是核的异体字。

翻译过来就是：考辨某一部书时，从我国第一部目录《七略》考察最早的著录；从历代史书的《艺文志》或《经籍志》，以及官修目录、私修目录的著录上考察其流传情况；从同世当代的著作中考察某书称引他书，或某书被他书称引的情况；从前后不同世的著作中考察某书转述他书，或某书被他书转述的情况；从文章体裁特征上考察；从所涉史实以考其年代；考证某书的真正作者，以明假托；考察某书的传人，以求作伪之人（因为某书已佚，又突然传世，则传书之人往往即作伪之人）。

这是对前人和他自己辨伪经验的总结，概括得十分精要，在辨伪学史上具有划时代的意义。后来谈论辨伪方法的人，虽各有补充和发展，但都脱胎于此。比如胡适，在《中国哲学史》中将辨别真伪的证据归纳为史事、文字、文体、思想、旁证五种，除文字、思想两种外，其他皆为胡应麟提过的。又如梁启超，在《中国历史研究法》中提出分辨伪书的12条公例，除第十一条"各时代之社会形态"及第十二条"各时代之思想"外，其余也都是胡应麟的说法。再后来，梁启超在《古书之真伪及其年代》中对辨伪方法有更为详尽的概括，堪称辨伪方法的集大成之作，但还是以胡应麟辨伪八法为基础，只不过吸收了新的研究成果。

> 小贴士
>
> 《四部正讹》市面上没有适合大众阅读的单行本。"李敖主编国学精要1"把胡应麟《四部正讹》、姚际恒《庸言录》和刘勰《文心雕龙》合编成为一部书，总体上都是反对不切实际的浮靡文风，主张严谨实用的研究作风。《四部正讹》原本属于胡应麟《少室山房笔丛》的一部分，《少室山房笔丛》也值得一读。该书以善于思考、敢疑古圣的治学精神，对许多学界久论不息的文史公案做了详尽的考证梳理和辨伪。有读者称，该书属于那种"到处都能看到引用但就是没读过"的作品，干货满满。

《天工开物》
我为农工鼓与呼

古代"高考落榜生"中总有一些人,自此绝意仕途,在其他领域干出了一番事业,比如,蒲松龄路边摆摊写了《聊斋志异》,李时珍钻研医术留下《本草纲目》,左宗棠投笔从戎率军收复新疆……科举落第也许是他们个人的不幸,但对后人来说,却有幸得到了他们留下的财富。

宋应星也是其中之一。明万历四十三年(1615年)中举后,他连续6次止步会试,于是愤而吟诗道:"智过千人谓是英,超群岂入此中评?"从此告别科场,参观考察了许多农庄和手工业作坊,积累了大量科技资料,在1637年出版了"著作功高天不夜"的《天工开物》,并放言称:"此书于功名进取毫不相关也。"

虽然并未得到《四库全书》的收录,但《天工开物》在英国学者李约瑟的巨著《中国科学技术史》中频频出镜,被其称为"中国17世纪的工艺百科全书"。李约瑟还把宋应星比作"中国的狄德罗"。

拒绝"时尚宠儿"

先说书名。宋应星把《尚书·皋陶谟》"天工人其代之"里的"天工"一词，与《周易·系辞》"开物成务"中的"开物"一词连缀成"天工开物"，意思是利用自然规律创造物质财富。

作为一部总结我国明末以前农业和手工业技术成就的百科全书式著作，《天工开物》内容广博，文字简洁，插图生动，别有风格。全书18卷，分别为乃粒（五谷）、乃服（纺织）、彰施（服装染色）、粹精（粮食加工）、作咸（制盐）、甘嗜（制糖）、陶埏（陶瓷）、冶铸（铸造）、舟车（船车）、锤锻（锻造）、燔石（烧炼矿石）、膏液（油脂）、杀青（纸）、五金（冶金）、佳兵（兵器）、丹青（朱墨）、曲蘖（酒曲）、珠玉，大体按照食、衣、住、行、用的顺序编写，共5万多字，插图120余幅。

可以说，从生活资料到生产资料，从民用机械到国防武器，当时有关国计民生的部门，《天工开物》囊括殆尽。

《天工开物》之前，也有记载农工业生产技术和发明的史书，但"生活性"不强，记述也不详细。比如，讲舟车，宋应星不提楼船、五牙战舰、车船、指南车、记里鼓车、行漏车等"时尚宠儿"，因为这些东西固然是古代的创造发明，但不是人民大众日常生活的必需品。他介绍黄河满篷梢、南方独推车这样简陋的舟车，皆因这才是广大劳动人民天天使用、相依为命的生产工具。

对此，宋应星是这么看的："世有聪明博物者，稠人推焉，乃枣梨之花未赏，而臆度楚萍；釜鬵之范鲜经，而侈谈莒鼎；画工好图鬼魅，而恶犬马；即郑侨、晋华，岂足为烈哉？"这里用了很多典故，在此不细解，大意就是讽刺那些所谓"聪明博物"之人，四体不勤，五谷不分，重理论、轻实践，连身边日常之物都弄不明白，却要对罕见虚构的东西高谈阔论。

记录诸多"第一"

考察《天工开物》各卷的内容、次序，可以看出宋应星对农业和手工业的重视。关于粮食和副食品的生产技术，占了全书1/3的篇幅，关于手工业生产技术的篇章占了2/3。

在每一篇的写作中，宋应星都以严谨的态度、细致的观察、可靠的数据下笔，为今人留下了中国古代科技成就的总结性记录，这从诸多"第一"中可以看出。

第一次将杂交、软化病引入养蚕术。一方面是世界上关于家蚕杂交最早的记载，另一方面指出软化病这种常见蚕病的传染性，对发展养蚕业具有很大的指导意义。

第一次对煤做了初步的科学分类，分为明煤（相当于无烟煤）、碎煤（相当于烟煤）和末煤（相当于褐煤和泥煤）三种。

第一次记述了技术难度较大的锌（倭铅）的冶炼，并指出当铜和锌的比例为"铜七锌三"时，黄铜的延展性最好。这与近代金属学实验数据是吻合的。

第一次详细记述了中国古代炒钢、焖钢的工艺，反映了明代灌钢技术的发展。明以前炒钢的具体记录还未发现，至于焖钢工艺的记述，欧洲大约在18世纪才出现。

对技术、工艺的记录、思考，往往透露出科学原理的萌芽。比如，在《丹青·朱》中有这样的记载："每水银一斤入石亭脂（即硫磺制造者）二斤，同研不见星，炒作青砂头，装于罐内……每升水银一斤，得朱十四两、次朱三两五钱，出数藉硫质而生。"意思是，1斤水银共制得17两5钱的一等和次等银朱。古时1斤为16两。因此，比水银多出的1两5钱，是石亭脂的硫质造成的。在这里，宋应星触及了质量守恒原理，不仅讲清楚了银朱是水银与硫的化合物，而且明确指出质量转换关系。质量守恒定律是18世纪由法国化学家拉瓦锡正式提出的。

虽然进行的不是现代意义上的科学观察，但宋应星对生产生活细致入微的观察，并通过查阅文献资料加以考证，让《天工开物》具有了穿透历史的生命力。

直观展示生产

对于生产场景大段大段的文字描述，往往比不了视频、图片的直观展示。而在明代，宋应星所能借助的，只有插图。他是这么说的："且夫王孙帝子，生长深宫，御厨玉粒正香，而欲观耒耜；尚宫锦衣方剪，而想象机丝。当斯时也，披图一观，如获重宝矣。"

《天工开物》初刻本附有120余幅插图，描绘了130多项生产技术和工具的名称、形状、工序，展现了270多名劳动人民的形象，大大提升了全书的可视化水平，十分有利于大众传播。用这么多的画面表现劳动生产与劳动者，无论在我国还是在世界科技史上都是前所未有的。

比起其他的书籍插图，这些插图十分注重功能性表达，不是为了如何吸引读者、堆砌技巧、营造氛围，而是为了表现劳作中的真实情况，对读者不设门槛，亦不需要读者过多地揣测作者意图，一眼就能看懂其中传达的内容。因此，《天工开物》的插图中，物体之间的时空关系符合逻辑，虽然没有准确的比例尺，但大致符合现实世界中的比例关系，具有极强的真实性。其中有些是结构比较复杂的机械图，已有现代工程画的雏形，具有立体感，成为研究古代科技史和劳动人民生产活动极为珍贵的资料。

比如，在《杀青·造竹纸》中，从斩竹漂塘、煮䍀足火、覆帘压纸、荡料入帘，到最后的透火焙干，插图详细记录了造竹纸各道工序，连烘干竹纸的烟气都真实画出，有极强的还原性和教育功能，同时不失版画插图的审美趣味。

书商杨素卿刊刻《天工开物》时写了一段广告语："内载耕织造作、炼采金宝，一切生财备用秘传要诀。"这些致富经能被大众接受，书中插图的生动指导，起了很重要的作用。

小贴士

中山大学教授杨维增在20世纪70年代开始研究《天工开物》,80年代出版了两本相关图书——《天工开物新注研究》《宋应星思想研究及诗文注译》。剑桥大学李约瑟研究所所长何丙郁在给他的信件中说:"宋应星《谈天序》说:所愿此简流传后世,敢求知己于目下哉。结果,他在三百多年后才有像您一位了解他的思想和学问的人物。"杨维增文理兼通,他译注的《天工开物》不仅对字词进行了详细注释,更进一步用现代科学去解释古代的技术原理,令人读后更敬佩古代人民的智慧。另外,还可以参看自然科学史专家潘吉星的《天工开物译注》。

《徐霞客游记》
一生写一书，一书写一生

崇祯十年（1637年）二月十一日深夜，徐霞客经历了他出游以来最凶险的一次遭遇。

当时，他乘坐的船正停泊在湘江边的新塘站附近，该地现属湖南省衡南县。就在人们熟睡时分，一群强盗冲上船，杀人放火，洗劫财物，"火炬刀剑交丛而下"。徐霞客很机警，寻机跳入江中，被其他船救下，方免于难，但所携钱物损失无遗，他之前写下的游记手稿也在其中。

幸亏，同行友人静闻冒死抢救回乘客的部分财物，包括徐霞客的手稿和部分经籍。没有他，今天我们可能就看不到《徐霞客游记》这部书了。

事后，徐霞客把静闻为他人冒刃、冒寒、冒火、冒水的崇高事迹记录下来；而其他或趁火打劫、冒认财物，或见死不救、尽量逃避的众生相，徐霞客也一一录于笔下。大盗的狰狞、人间的友爱、人性的丑陋，跃然纸上。这篇文章也成为《徐霞客游记》中叙事散文的代表作。

遇盗第二天，朋友劝徐霞客返回故乡。您猜他怎么说？"不欲变余去志"，我不想改变去行游天下的志向。徐霞客常说的一句话是："吾荷一锸来，何处不可埋吾骨耶？"锸音同插，铁锹的意思。

类似的话,"竹林七贤"之一的刘伶也说过。《世说新语》里记载,刘伶常乘鹿车,携一壶酒,使人荷锸而随之,谓曰:"死便埋我。"话虽相仿,但刘伶属于故作达观,借此避世;徐霞客此语表达的坚定信念和不屈志向,让人肃然起敬。果然,经过多方努力和朋友的筹措,徐霞客再次踏上西游的汗漫之旅。

徐霞客,名弘祖,以别号霞客行世。明代南直隶江阴(今属江苏)人,生于万历十四年(1586年)。他这一生,不参加科举,无意仕途,寄情山水,毕生从事旅游和地理考察。他最东渡海到过洛伽山,最西去过腾冲,北游盘山,南达罗浮山,足迹遍及今天的北京、天津、上海、江苏、山东、河北、山西、陕西、河南、湖北、安徽、浙江、福建、广东、江西、湖南、广西、贵州、云南19个省份。

古代旅行家不少,但要么是奉命出使的官员,要么是求法取经的僧人,要么是重利轻别离的商人。徐霞客厕身其中,实属另类,单纯出于喜爱。尤其到了晚年,徐霞客出游不做"攻略",进行的是"不计程,亦不计年"的"万里遐征",即没有时间和范围限制的"自由行"。好友陈函辉赠给他一句"寻山如访友,远游如致身",总结得很到位。

如果一生只是游玩,那徐霞客绝成不了"旷世游圣"。他写下的60余万字的《徐霞客游记》,是兼具科学价值、史学价值和文学价值的鸿篇巨制。有人评说徐霞客一生就写了一部书，而这部书也写尽了他的一生。

德国地质学家李希霍芬曾说，中国学者只知道安坐室内，怕到野外吃苦。我国地质科学的开拓者丁文江对此愤愤不平，重编《徐霞客游记》，用事实说明中国早在16、17世纪就出现了"用脚步丈量大地"的伟大科学家。

从书中可以看出，徐霞客是我国古代难得的实测地理学家。他不相信书籍记载，认为很多书是因袭附会之作，山川面目"多为图经志籍所蒙"，于是随身带着《大明一统志》等书进行考察，沿途一一指出这些权威著作的错误。通过自己的观察，徐霞客否定了《尚书·禹贡》关于"岷山导江"的错误结论，指出金沙江才是长江的正源。

一路走来一路记，《徐霞客游记》包含着丰富的地理学和生态学内容，涵盖地貌、江河、水文、地质、气象、植物、动物、泉瀑、地热、火山等领域，可算我国古代的地学百科全书。而且徐霞客处理材料，不是孤立地罗列，而是综合地记录，把各种自然要素及它们之间的复杂关系梳理清楚。因此，《徐霞客游记》给后世留下了一份中国古代基本环境标尺，以此作参照系数，便于和其前、其后各历史时期进行对比研究，有很高的科学价值。

徐霞客是世界岩溶地貌考察的先驱。在"磅礴数千里"的南方最大岩溶地貌区，他考察了300多个洞穴，其描述之精确，与今天用科学仪器测量的数据基本一致。

在古迹、名胜上乱写乱画，是今天我们经常批评的一种旅游现象。对此，徐霞客同样深恶痛绝，把在名山胜地滥刻乱画称为与山"黥面"，感叹"山灵何罪而受此耶？"

在丁文江指出《徐霞客游记》的地理学价值之前，人们对该书的赞赏长期集中在文学方面。

翻看全书，徐霞客好像一个非常投入的导游。跟着他的步伐，读者有身临其境之感：游天台山，"及五更梦中"，徐霞客"闻明星满天，喜不成寐"，"停足仙筏桥，观石梁卧虹，飞瀑喷雪，几不欲卧"；游白岳山，他"梦中闻人言大雪，促奴起视，弥山漫谷矣"；游太华山，"时浮云已尽，丽日乘空，山岚重叠竞秀，怒流送舟，两岸浓桃艳李，泛光欲舞"，他"出坐船头，不觉欲仙也"……

如此文字，书中比比皆是。《四库全书总目提要》说："弘祖耽奇嗜僻，刻意远游，既锐于搜寻，尤工于摹写，游记之夥，遂莫过于斯编。"没有游记能比得上该书，此言绝非过誉之词。伟哉霞客行！

小贴士

丁文江主持整理的《徐霞客游记》，于1928年出版，首次以现代方法对这部古籍加以标点整理。同时，丁文江首次编写了《徐霞客年谱》附于书后。中国徐霞客研究会副会长朱惠荣的《徐霞客游记校注》是《徐霞客游记》的经典整理本，注释丰富，资料齐全，并配有13幅徐霞客旅游路线图，便于读者参阅。此外，朱惠荣与李兴和一起译注的《徐霞客游记》内容更为宏富，释文内容包括疑难字词、历史背景、历史地理、人物、民族、名物、制度、宗教等方面，侧重古今对照。

十駕齋養新錄

校讎通義

日知錄

清代

浮生六记

随园食单

《日知录》
清代考据学的开山之作

天下兴亡，匹夫有责，是中国人耳熟能详的名言。但要问这是谁说的，就有些绕了。

把这8个字组合在一起的，是梁启超。而这8个字的内涵、意义，则出自明末清初思想家顾炎武。他在《日知录》一书中有这么一段论述：

有亡国，有亡天下。亡国与亡天下奚辨？曰："易姓改号，谓之亡国；仁义充塞，而至于率兽食人，人将相食，谓之亡天下。是故知保天下，然后知保其国。保国者，其君其臣肉食者谋之；保天下者，匹夫之贱与有责焉耳矣。"

最后一句，"保天下者，匹夫之贱与有责焉耳矣"被认为是"天下兴亡，匹夫有责"一语的出处。这段话是明清鼎革之际，顾炎武辨析"亡国"与"亡天下"的不同。在他看来，前者是改朝换代，那是朝廷君臣要考虑的事；后者则关系到天下百姓的福祉，是人人都应该尽责的。

这种思考的深度，确实超乎前人。《日知录》这部书，作为中国古代著名的读书札记之一，是顾炎武30年治学的精华，内容广博，既包含精湛渊深的考据成果，又保存了经世致用的重要思想资料，是一部思想价值、学术价值均极高的札记。

清人汪中曾说："古学之兴也，顾氏始开其端。"顾炎武既然是清代考据学派的开山祖师，那么《日知录》一书就可称得上是清代考据学的开山之作。

《日知录》初刻于1670年，书名取自《论语·子张》中的一段话——子夏曰："日知其所亡，月无忘其所能，可谓好学也已矣。"治学要温故知新，不能像狗熊掰棒子，一边掰，一边丢。"日知其所亡"是"知新"，"月无忘其所能"是"温故"。这表明了顾炎武具有强烈的求知欲。

全书32卷，前7卷论经义，卷8至卷12论政事，卷13论世风，卷14、卷15论礼制，卷16、卷17皆论科举，卷18至卷21论艺文，卷22至卷24杂论名义，卷25论古事真伪，卷26论史法，卷27论注书，卷28论杂事，卷29论兵及外国事，卷30论天象术数，卷31论地理，卷32为杂考证。

《四库全书总目提要》称："（顾炎武）学有本原，博赡而能通贯，每一事必详其始末，参以证佐而后笔之于书。故引据浩繁，而牴牾者少。"对该书的评价很高。顾炎武的弟子潘耒称"先生非一世之人，此书非一世之书也"。他说得不错，《日知录》确实能穿透古今。以今天的眼光来看，顾炎武在《日知录》中倡导朴实的"古学"，批判明代空疏的"心学"，为古文献学奠定了带有唯物主义倾向的哲学基础，突出表现在考古求真、力求恢复古籍的原貌原义上。

古籍整理的一个重要宗旨就是去伪存真，即通过研究整理，解决古籍在流传过程中发生的缺漏、讹误、伪造、篡改等问题，以恢复其原貌原义。

在书中，顾炎武针对时弊，倡导恢复"古学"。他认为，明代束书不观的"心学"和空疏浅薄的"帖括"之学，与"古学"是根本对立的。他说："今之为科举之学者，大率皆帖括熟烂之言，不能通知大义者也。"很鄙弃当时盛行的八股文和抄袭元人注解而成的科举读本《五经大全》（元人的注解又是裁剪宋人的注解而成的，可谓层层抄袭），认为"自八股行而古学弃，《大全》出而经说亡"。

在经学上，顾炎武主张弃明宗宋，进而由宋而至汉，由汉而至孔子之学。比如，他在《日知录》中说："今之学者，生于草野之中，当礼坏乐崩之后，于古人之遗文，一切不为之讨究，而曰：礼，吾知其敬而已；丧，吾知其哀而已。以空学而议朝章，以清谈而干王政，是尚不足以窥汉儒之里，而何以升孔子之堂哉！"对不学无术的假学者可谓讽刺到位。

在《日知录》"科场禁约"条中，顾炎武引用明代万历年间冯琦上疏的话："夫道术之分久矣，自西晋以来，于吾道（指儒学）之外别为二氏（指道释）；自南宋以来，于吾道之中自分两歧（指朱熹与陆九渊之争）；又其后则取释氏之精蕴而阴附于吾道之内（原注：如陈白沙、王阳明）；又其后则尊释氏之名法而显出于吾道之外（原注：如李贽之徒）。"从这里可以看出，顾炎武反对后世儒者用援佛道入儒等穿凿附会的手段歪曲古籍本义，主张保持经籍文献的本来面目。

为求真，顾炎武对古籍始终保持怀疑，重视辨伪。于《易》，他破汉宋的象数之学；于《书》，他怀疑伪古文《尚书》，怀疑《书序》；于《诗》，继朱熹进一步破美刺说；于《春秋》，不信微言大义，反对穿凿所谓义例、笔法，认为孔子整理鲁国史料而成《春秋》，《左传》是"采列国之史而作者也"，至于《公羊传》《谷梁传》，"其穿凿以误后人者亦不少矣"。这些论断，都能继前人之说而又有所发明，并且言之有据，近于史实。

妄改是造成古籍错讹的重要原因之一，特别是在学风空疏的明代，妄断臆改之风盛行，成为古籍之大蠹。顾炎武对此痛加针砭，在《日知录》"改书"条中，他说："万历间，人多好改窜古书。人心之邪，风气之变，自此而始。"

比如骆宾王的《为徐敬业讨武氏檄》，本来出自《旧唐书》，其中有"伪临朝武氏"的说法。这是对的，因为徐敬业起兵是在光宅元年（684年），当时武则天虽然临朝但还没有改国号为"周"。明代的书籍改作"伪周武氏"，完全无视檄中所说"包藏祸心，睥睨神器"一句，明明显示这是还没有篡位之时嘛。武则天改国号为周，是6年之后的事了。论说到此，顾炎武感叹道："不知其人，不论其世，而辄改其文，缪种流传，至今未已。"

从乱改古籍，顾炎武又延伸谈到当代书籍的校勘出版，呼吁"凡勘书，必用能读书之人"，不然书籍出得挺快挺多，错误也会有不少，给读书人造成很大困扰，"虽有善读者，亦茫然无可寻求矣。然则今之坊刻，不择其人而委之雠勘，岂不为大害乎！"雠勘就是校勘的意思。即便今天，顾炎武的批评依然不过时。

至于对古文献中的人物、史实、名物、典制、天文、地理等方面的精核考证，以及对旧注错误的订正，在《日知录》中例子很多，就不赘举了。

小贴士

《日知录》是顾炎武最重要的作品，他把写这部书比作"采铜于山"，自言"平生之志与业皆在其中"。道光年间，黄汝成以遂初堂32卷本为底本，参以阎、沈、钱、杨四家校本，并收录道光前90余位学者对《日知录》的研究成果，成《日知录集释》一书，是关于《日知录》的一部集大成之作。栾保群校点的《日知录集释》，不仅在校勘、标点上做到后出转精，而且酌加一些注释，在大量勾勒引文出处之外着重于对事典的提示，形成一个更便于研读的新版本。此外，当代历史学家赵俪生的《日知录导读》也对该书做了很有见地的介绍，有网友称"单一篇导读就能让人爱上顾炎武"。

《十驾斋养新录》
钱大昕会如何解释"豆逼"?

我在蜀地的时候,有一天和几个人一起闲聊。这时,天刚放晴,阳光灿烂。我看到地上有个发光的小点,就问身边人:这是什么?有个蜀地的仆人上前看了看,说:是豆逼。大家都很惊愕,不知何意。我拿来一看,原来是个小豆粒。

后来,我遍访蜀地之人,发现他们都把"粒"发成"逼"的音。其中原因,当时人都不知道。我这么给他们解释:在《三苍》《说文解字》等书中,这个字就是"白"字下面加个"匕"字,解释为"粒"。《通俗文》里给它注的音是方力反。

上面这个故事来自之前介绍过的《颜氏家训》。其中的"我",就是作者颜之推。可能有读者问了,按照反切注音法,"方力反",就是把"方"的声母加上"力"的韵母拼出来的音。但"方"的声母是"f",那"皀"不是应该读作"fi"吗?怎么蜀人会读为"逼"呢?

对此,清朝学者钱大昕有个重要研究成果——"古无轻唇音",可以解释这个事儿。他认为:中古以前,是没有"f"之类的声母的,现在声母为"f"的字,古代全部读作"b"。比如,"方"在古代应该读作"邦"。因此,"方力反"的音应是"逼"的音。

这个"古无轻唇音"的科学论断，出自钱大昕的代表作《十驾斋养新录》。作为乾隆十九年（1754年）的进士，钱大昕当过大官，修过大书。乾隆四十年（1775年），他丁忧归里，不再出仕，专门从事著述和讲学。

钱大昕晚年时仿照顾炎武《日知录》的条例，一边读书，一边写札记，后来汇集成此书。《十驾斋养新录》堪称钱大昕学术思想的缩影，以经、史、小学等考证为主，绝少经世之论，反映了清中期考据学发展的新特点。此书学术水平很高，受到后来学者的高度评价。

比如，同为清代考据学大家的阮元在《十驾斋养新录序》中说："凡此所著，皆精确中正之论，即琐言剩义，非贯通原本者不能，譬之折杖一枝，非邓林之大不能有也。"这里，阮元引用了夸父逐日的故事，来形容此书学问的渊奥。

全书共20卷，并《余录》3卷，前3卷论经学，卷4、卷5论小学，卷6至卷9论史学，卷10论官制，卷11论地理，卷12论姓氏，卷13、卷14论典籍，卷15论金石，卷16论词章，卷17论术数，卷18论儒术，卷19、卷20为杂考证。

其中所论，精义极多。最精彩的部分，莫过于古音辨析。现代语言学家王力说过，在钱大昕那个年代，上古声母的研究比韵部研究冷清得多、困难得多，可以肯定的成绩只有5项，而前两项"古无轻唇音""古无舌上音"就是钱氏发现的。

轻唇和重唇，舌上和舌头，是汉语声母发展中的两大重要问题。关于古音重唇、轻唇无别的现象，明代学者方以智的认识已经接近真理，得出了"唇缝常溷"（唇指重唇音，缝指轻唇音）的结论。而通过切实的考证，首先明确提出古无轻唇音，轻唇音一律读重唇的结论，则属钱大昕。

《十驾斋养新录》卷5"古无轻唇音"中说："凡轻唇之音，古读皆为重唇。"钱大昕列举了很多例子，其中最有意思的就是"南无阿弥陀佛"中的"无"字，今天发作轻唇音，但古音发成重唇音，读为"模"、"莫"或"谟"。为说明这一点，钱大昕以《说文解字》《周易》《诗经》《广雅》《礼记》《经典释文》等多部古籍为印证，分析称，佛家古籍多用的"南无"二字，读如"曩谟"，因为这些书进入中国，多是在东晋时期翻译的，发音还比较接近古代，也就是说，沙门还在发古音，因此把"无"这个轻唇音发成"谟"这个重唇音。

我们今天如果听到谁把"南无阿弥陀佛"念成"曩谟阿弥陀佛"，不用怀疑，他念的是古音。

至于"古无舌上音"，《十驾斋养新录》卷5"舌音类隔之说不可信"一条说："古无舌头舌上之分。知、彻、澄三母，以今音读之，与照、穿、床无别也，求之古音，则与端、透、定无异。"也就是说，在上古声母系统中，只有"端""透""定""泥"这组舌头音声母，而没有"知""彻""澄""娘"这组舌上音声母。

后者是从前者中分化出来的。

为了说明这一点，书中同样举了好多例子。比如，《经典释文》在解释《尚书》中"惟予冲人"这句话时，说冲字的发音是"直忠切"，而古音把直读如特，反切出来的读音就是"童"的读音。因此，冲子即童子。如果不识古音，就会读冲为虫，童子变成虫子，意思就差大了。

以上两个问题，钱大昕都从异文、谐声偏旁、旧音等方面收集大量例子以证其说，至为确凿，成为定理。

既然把读音理解得如此透彻，钱大昕就可以熟练地运用"因声求义"这一传统训诂方法，即通过语音去研究词义。他说过："假其音，并假其义，音同而义亦随之。"意思是，借了别的字的字音，那么连带把字义也借过来了；声音相同的话，意义也差不多。这种方法主要依赖于古音的研究，通过声音的线索来探讨词义，进而理解古代文献中的用字意图，是解决通假字问题的重要工具。《十驾斋养新录》中说通假的地方随处可见。比如，卷2"勉即俛字"一条中说："勉"与"俛"这两个字，古人多通用，汉代石碑中常见的"僶俛"就是今天的"黾勉"。

此外，《十驾斋养新录》中还有很多关于古音、训诂、校勘、考证等方面的精辟论断，其精审的程度，足以让史学大师陈垣如此评价："顾炎武的《日知录》在清代是第一流的，但还不是第一。第一应推钱大昕的《十驾斋养新录》。"

小贴士

有个挺有意思的事,历史学大家陈寅恪名字中的"恪"字,是读"却"的音还是"克"的音呢?多年来一直聚讼纷纭。有人认为是客家方言,所以应当名从主人;有人认为是古音旧读,但"旧"为何指,却语焉不详。这时,如果翻查一下《十驾斋养新录》卷4的"客"条,就能明白:"明天启间客氏、魏忠贤用事,当时有'茄花委鬼'之谣,盖京都语'客'如'茄'也。《元史》怯烈氏或作克烈。英宗《国语》谥曰格坚皇帝,石刻有作'怯坚'者,盖亦读'格'为'客',因与'怯'相近也。"由此可见,"恪"字读音如"却",也是不无道理的。

《校雠通义》
令群书各就各位

考察、研究中国目录学的人，没有不知道"辨章学术，考镜源流"这8个字的。这是中国古籍目录学的优良传统。谁总结出来的呢？章学诚。在哪里提出来的呢？《校雠通义》。

布衣学者章学诚，41岁才中进士，一生未入仕途，以教书为业，生活流离困苦。但这不妨碍他从一众大名鼎鼎的考据学者中杀出重围，在目录学上作出卓越贡献。其所著《校雠通义》是关于图书目录编纂理论的专著。

在章学诚看来，三国以后的目录编纂形式太简单了，"徒为甲乙纪数之需"，没有章法，从中看不出学术流变。他继承并发展了我国历史久远的"辨章学术，考镜源流"的传统，强调目录必须反映学术源流，揭示书籍内容，成为引导学术研究的门径，起到"即类求书，因书究学"的作用。

作为古典目录学理论的集大成之作，《校雠通义》成书于乾隆四十四年（1779年），共4卷。章学诚一上来就开宗明义："校雠之义，盖自刘向父子部次条别，将以辨章学术，考镜源流，非深明于道术精微、群言得失之故者，不足与此。后世部次甲乙，纪录经史者，代有其人，而求能推阐大义，条别学术异同，使人由委溯源，以想见于坟籍之初者，千百之中不十一焉。"

没有谁能把天下书籍读尽，只能挑着看。怎么挑？古人很强调目录的指导作用，也就是章学诚说的"校雠之义"，具体来说就是分类和提要。分类，让各种书籍各归其位；提要，使各书内容一目了然。二者配合得好，就能起到"辨章学术，考镜源流"的妙用，就能让人根据分类和提要找到自己想要的书，通过这些书找到相应的学术路径。

这种好配合，章学诚认为是从西汉的刘向、刘歆父子以及东汉的班固开始的，而其义法实可上溯到先秦至司马迁《史记》的序篇、叙传。《校雠通义》里说了，刘歆的《七略》、班固的《汉书·艺文志》，"乃千古著录之渊源"。这就把目录学的祖宗牌位立好了。

刘歆和班固的传承，章学诚也给捋顺了。《校雠通义》里提出，刘歆的《七略》，实则是6类，第一略《辑略》是诸书之总提要，讨论群书之大旨，但班固编写《汉书·艺文志》时给删了，只留下6略。即便如此，也能看出，刘向、刘歆父子的想法是博求古今典籍，通过著录，辨章流别，折衷六艺，宣明大道，不只是把这些书标明"甲乙丙丁"上架了事。

后来出现的经史子集四部分类法，章学诚认为是正常的，只要内里还保留反映学术流别、辨析流别之义的原则就行。在《校雠通义》中可以看出他坚守的是原则，而非具体的分类。比如，《七略》中把书籍分成六艺、诸子、诗赋、兵书、术数、方技6

类,西汉时的史书少,刘歆把它们放在六艺类下的《春秋》学里,没什么问题。后来史书繁盛,势必要独立成类。"凡一切古无今有、古有今无之书,其势判如霄壤,又安得执《七略》之成法,以部次近日之文章乎?"意思就是,不能拿古代的尺子量今天的衣服。

不少书的性质和内容比较复杂,很难用单一标准分类,怎么办?为反映学术流别,章学诚提出两种补充法则:互著和别裁。

所谓互著,一本书可以在不同类目下重复刊载。这就是《校雠通义》中说的,把那些"理有互通、书有两用者……兼收并载……不以重复为嫌……但加互注,以便稽检而已"。以《七略》为例,兵书权谋家类已经有《伊尹》《太公》《管子》《荀卿子》《鹖冠子》《苏子》《蒯通》《陆贾》《淮南王》九家之书,而儒家类又有《荀卿子》《陆贾》二家之书,道家类又有《伊尹》《太公》《管子》《鹖冠子》四家之书,纵横家类复有《苏子》《蒯通》二家之书,杂家类复有《淮南王》一家之书。

互著有什么好处?一可以申明大道,让读者明白文献出处和学术源流;二便于读者查询,通过学科来寻找自己需要的文献;三可以在一定程度上避免著作在流传过程中遗失;四可以使文献资料的学术流派更加清晰,不会混淆。

所谓别裁,即根据内容把一书的个别篇章裁出,入载他类。《校雠通义》举例说:"《管子》,道家之言也,刘歆裁其《弟子职》篇入小学。"这么做不怕把书籍弄乱吗？章学诚解释了，古人著书，经常奉行拿来主义——"采取成说，袭用故事"。就像盖房子用的预制件，从别的房子拿来的预制件，可能对别的房子的主结构来说无所谓，但对自己的房子很有用。而分类的时候，就可以把不同房子的预制件搬来搬去，"两不相妨"。

古代有许多使用别裁法的例子。如《大学》《中庸》原先是《礼记》中的两篇，但是南宋学者朱熹把它们拎出来编在一起，并作章句注释，与《论语》《孟子》合称为四书。别裁法在现代的应用也有很多。《安徒生童话》原是一本童话合集，但其中有很多篇目如《海的女儿》《丑小鸭》《卖火柴的小女孩》等，经常被单独裁出，另行成册。

这就是别裁法的杠杆作用——通过较少的文献资料获得较多的信息资源，通过小部分文献资料获取丰富的内涵，而不会失去精髓。对读者而言，别裁法的应用有积极的意义，即便于执简驭繁。

如此一来，章学诚的《校雠通义》对目录学的各方面都进行了阐释，包括著录学的主旨、著录方法、文献分类及目录索引等，为近现代目录学研究者和研究工作提供了大量有价值的参考资料，也为我国的目录学发展奠定了坚实的基础，进一步完善了我国目录学思想及理论体系。尤其是"辨章学术，考镜源流"目录学理论的提出，标志着我国古代目录学理论体系已趋于完善，达到我国古代目录学思想的最高峰。

小贴士

在乾嘉考据学如日中天之际，章学诚横空出世，因不善考证，被同时代人"视为怪物，诧为异类"。可更新学术，刷新学问，往往不是来自因循之辈，而经常是由不世出的"怪物""异类"所推动的。作为介于乾嘉考据学派与晚清今文学派之间的重要学者，章学诚获得了梁启超的高度评价："学诚不屑屑于考证之学，与正统派异。其言'六经皆史'，且极尊刘歆《七略》，与今文家异。然其所著《文史通义》，实为乾嘉后思想解放之源泉。"这里的《文史通义》是章学诚的另一代表作，折中汉学与宋学，主张训诂、考据与义理辨析相结合，提出的"六经皆史"观点振聋发聩。对此，可以参看陈其泰解读的《文史通义》。至于《校雠通义》，可以参看王重民的《校雠通义通解》。

《随园食单》
古人干饭指南

得了肺结核怎么办？吃"黄芪蒸鸡"。有书为证。

杀一只没下过蛋的童子鸡，不要沾水，取出内脏，塞进去一两黄芪，架上筷子放在锅里蒸。四面密封严实，蒸熟后取出，汤汁浓鲜，可治疗体弱疾病。

这段文字翻译自清代古籍《随园食单》中"黄芪蒸鸡治瘵（音同寨）"一条。瘵，又叫"痨瘵"，常指肺结核。另外，虚劳重症也属于"痨瘵"的范畴。那么，这种吃法有无医学根据呢？

肺结核、虚劳重症患者的共有特点是虚弱、消瘦，而这些都是气血亏虚的表现，所以补益气血是治疗的重要手段。黄芪是常用补气药，《神农本草经》将其列为上品，李时珍评价其为"补药之长"。现代药理实验研究证明，黄芪具有多种药理作用，比如强心、抗心律失常、调节血压、增强机体免疫功能等。

现代营养学研究则表明，鸡肉含有蛋白质、脂肪、钙、磷、铁、硫胺素、核黄素等多种营养素，尤其是蛋白质较为丰富，并含有较多不饱和脂肪酸。由此可知，鸡肉可以应用于体质虚弱、产后或病后的调补，对于老年人、心血管疾病患者来说也是很好的蛋白质来源。黄芪炖鸡已成为今天最常见的滋补药膳之一。

书中简单几句话，背后门道真不少。从中可以看出，药食同源，在中国是很古老、很流行的观念。很多古代饮食主题的书籍，都蕴含着丰富的养生保健内容，《随园食单》就是典型代表，作者是清代大才子袁枚。优游大半生之后，袁枚总结数十年的美食体验，写下这部《随园食单》。

全书分为须知单、戒单、海鲜单、江鲜单、特牲单、杂牲单、羽族单、水族有鳞单、水族无鳞单、杂素菜单、小菜单、点心单、饭粥单、茶酒单14个部分，详细论述了中国14至18世纪中叶流行的300多种菜式。

在食物原料方面，常见的谷物瓜蔬、家禽野味、飞鸟鱼类等，样样齐备。在烹调技巧方面，焖、煎、煸、炒、蒸、炸、炖、煮、腌、酱、卤、醉等制作方式，面面俱到。在菜式的特点方面，主要介绍了以江浙地区为主的菜肴饭点，兼及京菜、粤菜、徽菜、鲁菜等菜式。

在饮食菜式的层次方面，本书毫不"挑肥拣瘦"，既有山珍海味，也有粗茶淡饭；既有宫廷菜——王太守八宝豆腐，又有官府菜——尹文端公家的蜜火腿，还有寺院菜、民间菜、民族菜、街市菜……为后人留下了反映中国饮食文化兴旺发达的宝贵历史文献。

袁枚推荐的这么多菜品里，除了经常使用枸杞子、陈皮、百合、山药、茯苓等作为食材，还选用黄芪、白术、巴戟天等药材以增强功效——今天都被列入药食同源、可用于保健食品的范围。有意思的是，书中很多烹饪原则与今天的健康理念如出一辙。比如，"宁淡毋咸"，讲究控制食盐用量；"戒外加油"，防止脂肪过量；"戒走油"，反对加热过度、避免营养丢失……均与现代饮食健康原则一致。

此外，"因时、因地、因人"的"三因制宜"原则贯穿了《随园食单》全书。

首先，吃时令菜历来是顺应自然规律的养生方法。袁枚认为，烹调菜肴应因时制宜。须知单"时节须知"中说："夏宜用芥末，冬宜用胡椒……萝卜过时则心空，山笋过时则味苦……所谓四时之序，成功者退，精华已竭，褰裳去之也。"意思是，万物生长都有四时之序，旺盛期一过，精华已尽，就失去了自身的美味和营养。

其次，袁枚重视地域差异，认为烹饪也得讲究因地制宜，比如特牲单里讲猪肚的做法，分别指出南北方烹饪方法的不同："滚油炮炒，加作料起锅，以极脆为佳，此北人法也。南人白水加酒，煨两枝香，以极烂为度，蘸清盐食之，亦可。"有意思的是，"扬州洪府粽子"的做法是糯米包火腿，典型的南方肉粽。

最后，因人制宜在书中屡有体现。袁枚认为小儿和老人宜食细碎酥软之品，利消化。如鲫鱼，"通州人能煨之，骨尾俱酥，号'酥鱼'，利小儿食"；芝麻菜"斩之碎极，蒸而食之……老人所宜"；鉴于鸡之温补，书中讲鸡粥、鸡血"宜于老人"。

袁枚之所以被称为美食家，在于他没有把烹调仅仅看作一门聊以果腹的技艺，而是将饮食当作一门学问进行考察，提高了饮食文化的档次，引导人们追求高尚的饮食情调与富于意趣的文化享受，不要自满于当"吃货""老饕"。

翻看须知单和戒单可知，其内容涵盖了中餐的烹饪原则、食料味性的搭配原则、进餐礼仪和宴客之道，洋洋几千字，穿越数百年，至今仍对中餐的健康发展、社会的饮食风气，具有积极的推动意义。

比如，袁枚很看不上铺张奢靡、大吃大喝的不正之风，挑明了这就是"贪贵物之名，夸敬客之意"罢了。书中说他有一次赴宴，见某太守大摆排场，碗大如缸，盛满白煮燕窝，吃之无味，而客人争相夸耀。袁枚笑着说："我辈来吃燕窝，非来贩燕窝也。"燕窝多似贩卖，而不可口，这么多又有何用？如果只是为了面子上好看，倒不如在碗里放入明珠百粒，价值万金，管它能不能吃呢？

类似的饮食恶习，绝非饮食应有之道，不仅不能让人享受佳肴美味，还造成了食物的浪费，损害了健康。所以，食之有味，食之有节，食之有心，食之有理，方能真正体验中国饮食文化的博大精深。袁枚之论，今天仍不失意义。

小贴士

陈伟明整理、译注的《随园食单》，保存原书风貌同时更加方便阅读，注释简明，译文清通，点评部分更是拓宽了相关话题的范围，帮助读者融会贯通。高级烹饪技师白常继"白大厨"所著的《白话随园食单》值得参看，从现代厨师的视角切入，以更贴近生活的方式对中国饮食文化进行深入解读。此外，市面上还有很多配有精美插图的版本，就不一一介绍了。

《浮生六记》
平平淡淡才是真

沈复喜欢上了舅舅的女儿——陈芸。

乾隆乙未年（1775年），他13岁，跟妈妈回娘家，见到了表姐陈芸写的吟咏之辞，眼前一亮。其中"秋侵人影瘦，霜染菊花肥"的句子，尤其让他心折。小沈就对妈妈说"非姐不娶"。

陈芸也很欣赏沈复的才华，希望沈复能成为自己的"知己堪师者"，既是知己又是老师。有一次，沈复去舅舅家参加婚礼，忙到半夜，很饿。舅舅家准备了枣脯，沈复嫌太甜。陈芸偷偷拽了拽他的袖子。沈复就跟着去了陈芸的房间。原来，陈芸早就藏好了粥和小菜，粥还是暖的。

沈复举起筷子就吃。这时，陈芸的堂兄急呼呼来敲门。陈芸赶紧顶住门说：我很困了，马上就睡觉了。这堂兄挤身而入，看见沈复正在吃粥，就斜着眼对陈芸说：刚才我来要粥，你说没有了，原来藏起来专门招待你老公啊。

这个婚前小插曲让沈复夫妇一直记着。刚嫁到沈家时，陈芸还有些拘谨，每天一大早就穿好衣服起床了，好像有人在催促似的。沈复就开玩笑说：如今又不是吃粥那时节了，你还怕有人嘲笑啊？

陈芸说：之前藏粥招待你，结果传为话柄；如今不是怕人家笑话，只是担心你爸妈说新娘子懒惰罢了。沈复觉得有理，也每天早起。自此，小两口"妇唱夫随"，耳鬓厮磨，亲同形影。

这些生活情景的描写，在沈复的《浮生六记》中，比比皆是。书中用语清丽，表达雅致，既无造作扭捏之态，又无油腔滑调之感。沈复用白描的笔法，把家长里短、夫妻生活写得那叫一个清新脱俗、情趣盎然，在日常的洒扫应对、柴米油盐中，表现出两人用心经营婚姻、用情关心对方的真挚心意。因此，新文学运动的健将俞平伯称赞此书"无酸语、赘语、道学语"。

如果两口子没有共同的爱好，那么漫长的婚姻生活是很难过得有意思的。文学是沈复、陈芸得以相知的月下老，更是二人得以相守的黏合剂。看他俩的生活对话，就可以知道了。

有一次，陈芸问：各种古文，该学谁呢？

这可问到书生沈复的长项上了，他立马显摆起来：可学的多了，《战国策》《庄子》的灵快，匡衡、刘向的雅健，司马迁、班固的博大，韩愈的浑朴，柳宗元的峭拔，欧阳修的跌宕，三苏父子的雄辩，等等，太多了，关键在学之人是否有慧心可以领会。

陈芸说：照你这么说，古文要想学好得见识高、气势壮，我一个女人学也学不好，算了，学诗是不是更适合我呢？

沈复说：学诗的话，不是李白就是杜甫了，你想学谁？

陈芸说：杜诗锤炼精纯，李诗潇洒落拓。与其学杜之森严，不如学李之活泼。

沈复有些惊讶：杜甫是诗家之大成，人们一般都学杜甫，你为什么偏学李白？

陈芸说：格律谨严，词旨老到，确实是杜甫所擅长的，但李白的诗有一种落花流水的趣味，令人喜爱。不是杜不如李，只不过我偏爱李白罢了。

沈复打趣道：没想到你是李白的知己啊。

陈芸说：不只他，还有白居易呢，他可以算我的启蒙老师吧。

沈复开玩笑说：有意思，李太白是你的知己，白乐天是你的老师，我正好字"三白"，你跟"白"这个字真有缘分啊。

陈芸说：那坏了，与"白"字有缘，将来恐怕白字连篇啊。

这对话，妙趣横生，天然雕饰，让人捧腹之余，更感慨沈复与陈芸能把日子过得这么有滋有味，足见二人绝非无趣之辈，偏是琴瑟和鸣之属。

要知道，沈复不是才子，是受过教育，能书善画不假，但远谈不上饱读经史、学富五车，一生没参加过科举考试，自然也没当过官，大部分时间是摆个书画摊养家糊口，生活困顿。用《浮生六记》中的话说是"三日所进，不敷一日所出"，挣三天钱，不够一天用的。

同样地，陈芸也不是佳人。沈复在书中描写她的相貌时，并不讳言，"两齿微露，似非佳相"。文采有，但不多，写的诗稿，

"有仅一联，或三四句，多未成篇者"。女红做得不错，但也不是那种一出手就惊艳世人的水平。

总的来看，沈复和陈芸就是一般人，如果今天他们上恋爱综艺节目，一定会被评为"最适合二本看的恋综"。但为什么记录他们婚姻爱情故事的《浮生六记》，能被公认为艺术成就高、对后世影响大呢？

读完全书就能明白了。这部真实记录平民生活的作品，建筑在对现实的忠实反映、对生活的热情拥抱、对爱情的真挚歌咏的基础上。任何时期的读者，都能迅速共情共鸣。传统的才子佳人喜结良缘、今天的霸道总裁甜宠神剧，多是套路化、程式化的作品，绮丽的文辞下、绚丽的画面里，故事是虚浮的，感情是苍白的，和《浮生六记》比起来，真是有霄壤之别。从中国传统的文学观来看，《浮生六记》充分体现了"温柔敦厚，哀而不伤"的审美观。

更难能可贵的是，沈复没有大男子主义，平等对待陈芸，满足陈芸，甚至迁就陈芸。陈芸想去逛庙会，但怕抛头露面，沈复就帮她女扮男装，得以成行；陈芸爱吃臭豆腐，本来最厌恶臭豆腐的沈复逼自己吃下去，并喜欢上；陈芸想去郊外池边避暑长住，沈复就去租房子……

不甜不腻的沈陈之恋，用俞平伯的话说就是"俨如一块纯美的水晶，只见明莹，不见衬露明莹的颜色；只见精微，不见制作精微的痕迹"。陈芸的形象更是为后人所赞扬。林语堂就说陈芸是"中国文学中最可爱的女人","《闺房记乐》是古今中外文学中最温柔最细腻的记载"。

可惜的是，这么好的书是个残缺的本子。

顾名思义，《浮生六记》，本来有6个"记"——《闺房记乐》《闲情记趣》《坎坷记愁》《浪游记快》《中山记历》《养生记道》，但目前只有前四记。原因也简单，沈复不是什么名人名士，家里条件也不好，所以《浮生六记》在他生前一直没能出版，只是以抄本的形式在亲友间流传。

清朝末年，一个叫杨引传的人，在苏州的地摊上偶然买到了《浮生六记》的抄本。这个时候，《浮生六记》已经缺了《中山记历》《养生记道》这两卷。约30年后，杨引传把四卷本的《浮生六记》交给上海申报馆出版。到了民国时期，受婚姻自主、自由恋爱风潮的影响，《浮生六记》迅速走红，不断再版重印。在这样的风潮中，有书商伪造了后两记，并将《养生记道》改为《养生记道》，装作全本出版。伪造的部分毕竟是拼凑之作，艺术价值远远比不上原著。对此，不可不察。

小贴士

《浮生六记》用的是浅近文言，如果可以，尽量看原文，体会清新淡雅的文字力量。相关版本非常多，推荐教育部统编《语文》推荐阅读丛书中的《浮生六记》——只在必要处加以注解，且注解不多，不影响连贯阅读。还可参看苗怀明译注的《浮生六记》。此外，清代先后出现过几部描写家庭生活、夫妻琐事的著作，除了《浮生六记》，还可以参看冒襄的《影梅庵忆语》、陈裴之的《香畹楼忆语》、蒋坦的《秋灯琐忆》，都是个人回忆录，走的是"归有光路线"，叙事委婉，文字清丽，富于情致。

三十六计

近代

《三十六计》
"地摊文学"竟成了"国学经典"

不知从什么时候开始,一部版本来源不明、东拼西凑、历代目录无视的书,被误解为"国学经典"。

这部书就是《三十六计》,在一些场合被称为是与《孙子兵法》相媲美的兵学名著。对此,有必要加以澄清,防止鱼目混珠,也给爱好古籍的朋友提个醒,读古籍需要加以甄别。

《三十六计》成书很晚,但"三十六计"的说法出现得很早,最早见于《南齐书·王敬则传》,讲的是南朝齐的大将王敬则叛乱,对某人说:"檀公三十六策,走是上计,汝父子唯应急走耳。"

看古籍麻烦的一点在于,典故中套着典故。檀公是谁?是南朝宋的名将檀道济,他率军与魏军作战,因粮草不济而退兵,通过晚上唱筹量沙,魏军以为宋军并不乏粮,不再追赶,从而全军而退,可谓"走"得漂亮,于是成为俗语"三十六计走为上(计)"的来源。在这里,不是说檀道济有36条计策,而是说檀道济计谋很多。

形容计谋多,为啥说"三十六"呢?三十五、三十七不行吗?这是一种文化现象,在此不做深入探讨。我们只要记住,在中国文化的神秘数字中,"三十六"很早就作为一个模式数出现在典籍之中了。

以诗歌为例,李白《春日行》:"三十六帝欲相迎,仙人飘翩下云軿。"王庭珪《题宣和御画》:"玉锁宫扉三十六,谁识连昌满宫竹。"

在道教那里,天界分为"九霄三十六天",道士修炼之地为"三十六洞天"。

在这些用法中,"三十六"都是虚指,"三百六""三千六"则是其夸张变体,都是取众多、极大的意思。可总有人想把这些数字坐实。比如"三百六十行,行行出状元",还真就有人希望列举出每一行的名目,这就太迂阔了。就好像《西游记》说孙悟空有七十二般变化,绝不可能是实指,不然光苹果、香蕉这类水果的变化,就把七十二变的配额占满了。

同理,看到古籍中有"檀公三十六策,走是上计"的说法,后人就挖空心思,东拉西扯,硬是给三十六计配齐了。为什么说东拉西扯呢?翻看《三十六计》,每计的名称,几乎都是常用成语,在元明清时期的话本、鼓词等通俗说唱作品中是"常客",在老百姓那里都是"熟面孔"。比如元曲,借尸还魂在《碧桃花》、暗度陈仓在《气英布》、金蝉脱壳在《朱砂担》中出现过;比如小说,调虎离山在《西游记》、借刀杀人在《红楼梦》、瞒天过海在《说唐》中出现过。有学者根据这些成语涉及的典故,推断《三十六计》的成书年代,不会早于明末。

这个推断还是有些保守了，该书的出现实在是"不走寻常路"。历代官私书目，比如《汉书·艺文志》《隋书·经籍志》《崇文总目》《郡斋读书志》《直斋书录解题》《四库全书总目提要》等，都没有著录过《三十六计》。这足以说明此书来历之可疑。那这部书是从石头里蹦出来的吗？不是也近似。

1961年9月16日，《光明日报》登了一篇署名"叔和"的文章《关于"三十六计，走为上策"》，其中写道："十几年前，我在成都一个冷摊上无意中发现一本土纸印的小册子……这本小册子是根据一个手抄本翻印的，封面书《三十六计》，旁注小字'秘本兵法'……可惜没有作者，没有出处。"

冷摊就是不引人注意的小摊、地摊。叔和发现的这个本子，就是今天流行于市面的《三十六计》的底本，是《三十六计》一书在世界上第一次以印刷品形式露面。

而这个底本是1941年由成都兴华印刷所翻印的。翻印本上有简短的说明，说据以翻印的原书是个抄本，是1941年在陕西邠县（今陕西彬州）一书摊上发现的。

面世不到百年，实在没法说《三十六计》姓"古"；从地摊到地摊，实在难言《三十六计》是正经出版物。有人可能说了，英雄不问出处，内容好就行。可它内容好吗？

看看这些计名，借刀杀人、趁火打劫、笑里藏刀、顺手牵羊、浑水摸鱼、偷梁换柱、上屋抽梯、指桑骂槐、美人计……有好词吗？哪里有军事谋略的影子？市井气十足，谈不上阐明战争的性质，充其量算是些阴谋诡计。《孙子兵法》讲兵以诈立，是对战争本质的认识，是从战略高度指导军事行动，与《三十六计》这类偷鸡摸狗的伎俩，有着霄壤之别。

而且，许多计谋其实是同义重复。"声东击西"与"暗度陈仓"，"趁火打劫"和"混水摸鱼"，"釜底抽薪"与"上屋抽梯"，"假途伐虢"与"顺手牵羊"，等等，具体含义微有不同，但主旨相近。《孙子兵法》《纪效新书》等经典兵书，绝不会这样安排内容。

更不用说《三十六计》所引战例，许多属于"小说家言"。比如"反间计"，按语说"如周瑜利用曹操间谍，以间其将"，显然是指周瑜利用蒋干，误导曹操杀死蔡瑁、张允一事。问题是，该故事是《三国演义》杜撰的。历史上的蔡瑁与曹操旧有交情，降曹后，封汉阳亭侯；张允降曹后，结局未知。可见，曹操未中过周瑜的什么反间计，蔡瑁、张允也不曾因此计被杀。

又如"连环计"，按语里说"庞统使曹操战舰勾连，而后纵火焚之，使不得脱"。该故事同样出自《三国演义》，而《三国志》中并无相关记载。军事家撰写兵书，会去史书里找材料，不会去翻小说。

这样的《三十六计》，不看也罢。

小贴士

《三十六计》在严肃的学者眼中，实在上不得台面。中国人民大学国学院教授黄朴民在谈到如何读《孙子兵法》时就说过，《孙子兵法》与《三十六计》完全是两码事，所反映的是两种兵学文化价值观。《三十六计》从头到脚贯穿着一个"骗"字，"瞒天过海""趁火打劫""无中生有""上屋抽梯""李代桃僵""借刀杀人"，只看这些计策的名字，就可以知道它们是多么阴损毒辣。说白了，《三十六计》是玩空手道的，做无本钱生意，赌徒心理；而《孙子兵法》的高明之处，便在于其思维的全面性、逻辑性、辩证性。它既讲谋略，也讲实力；既讲诡诈，也讲仁义；既讲功利，也讲道德。正如清人孙星衍所言："其书通三才、五行，本之仁义，佐以权谋，其说甚正……比于六艺，良不愧也。"

为阅读古籍架起兴趣之桥

读者朋友们看到的这本书是《古籍原来这么好看》的姊妹篇。记得刚开始人民日报出版社的老师联系我出第一本时,我第一反应是:"你们想好了吗?别赔了啊。"

之所以这么想,是因为这些年通过各种报道、调研、分析,以及对于身边的观察,我的印象是,中国人的阅读现状堪忧。头些年,电子书异军突起,当时就在讨论实体阅读备受冲击,实体书店经营困难的新闻更是频见报端。这些年,短视频又占据了人们的碎片化时间。鲁迅先生的孙子周令飞就说过:"我现在90%的时间刷短视频,10%的时间看书。"

所以我认为,在读书被一些人当作奢侈行为的当下,读古籍理应是个极其小众、十分垂直的事儿。但没想到,《古籍原来这么好看》上市之后,初印5000本在半年后基本售罄,之后一年之内加印了4次。

记得有位相声演员说过,对于他们来说,只有商演才能看出来算不算得上是成功。如果你举办一场商演,有观众愿意花钱去买你的票,观众席上坐满了人,这才叫成功。那么,对于一本书来说,市场更是检验的标尺。这本书卖得还算是可以,没让出版社赔钱,经受住了市场检验。

口碑也还不错。一本关键词是古籍的图书，获得各界广泛关注，得到不少机构、个人，以及各级图书馆的推荐。在《中国新闻出版广电报》2023年度好书、2023年"京华好书"推荐榜、长安街读书会干部学习新书书单、教育部2023年全国中小学图书馆（室）拟推荐书目、清华大学甄选书单等评选、榜单上，这本书赫然在列。豆瓣上这本书的评分也有8.4分。

综上，再加上身边一些反馈，都给了我一个信号——读古籍不是人们不想、不愿意，而是缺少合适的渠道、门径，或者说差一把梯子、缺一座桥。

盛世修文。改革开放以来，中国经济取得长足发展，经济总量规模稳居全球第二位，与此同时，社会上对于中华优秀传统文化的需求，一直存在，并不断增强。很多人对"我从哪儿来"这个问题越来越关注。尤其是党的十八大以来，各界对传统文化的重视程度，可以说是很高的。学校里对文言文、对古代文化的教学内容，比重也比之前高了不少。因此，无论从考试需要，还是内心倾向而言，古籍阅读都成为一种趋势。

但是，读古籍是有门槛的，主要是文字障碍。即便在学校，老师教古文，如果不能引起学生的兴趣，那效果也是不佳的。但是，光看翻译成白话文的古籍，好比看翻译过来的外国名著，总是隔着那么一条河。再好的翻译，也不如小马过河，自己去读元典。而要鼓励小马过河，需要引导，更需要激发兴趣。因此，《古籍原来这么好看》系列图书就试图引发读者阅读古籍的兴趣，把彼岸的灿烂介绍到此岸，为读者，主要是青少年架起一座通向古籍、通向中华优秀传统文化的桥梁。

传统文化在塑造我们的精神世界方面发挥着巨大的、无与伦比的作用，是中国人之所以为中国人的根基。这种塑造作用，是"润物细无声"的。柴米油盐直接作用于我们每天的日常生活，看得见、摸得着；传统文化是无形的，以一定形式存在并发挥作用，影响身处其中的每一个人。

古籍，就是传统文化的主要载体、主要存在形式。没有这存世的20万种古籍，我们今天谈论的很多问题、进行的各种表达，都是无源之水。古籍中的传统文化是我们的共同财产，如果我们不去品读，不去记忆，不去理解，充其量只能算是文化遗产，不过是文化的"标本"，没有真正的意义。

比如算盘，记得20世纪90年代，我上小学时还要学习打算盘，什么一退六二五之类的。时至今日，"如意算盘"这个词虽然还在用，但是会打算盘的人，或者说需要使用算盘的场景怕是寥寥无几了，顶多在预防衰老、智力开发这一老一少的圈子里出现。

事实上，算盘、珠算背后，蕴含着深厚的文化意义，是成就今天中国人的思维方式的诸多来源之一，我们不能因为学会开车了就忘了怎么走路。传统文化是我们的根基，以珠算为代表的算学文化也是成就中国文化基因的重要组成部分。我们可以不用，但应该记住它，别留下遗珠之恨。

珠算是在筹算的基础上发展而来的，筹算是中国最古老的计算方法。筹算，以筹来算，筹是专门为计算制造的竹木或骨制的小棍，也叫策。司马迁在《史记·留侯世家》中说，张良是刘邦的"画策臣"，他就是用这种小棍给刘邦计算的。有一次，张良没带正式的算筹，就拿筷子给刘邦摆。今天，我们说的"定计""决策""运筹"，都是来自古代的计算活动。

古人讲计算，《孙子兵法》最深刻，开篇即是《计》篇，文中的原话是"庙算"，指在国君议事的地方拿小棍进行计算，计算什么？打仗的敌我力量对比。"国之大事，在祀与戎"(《左传》)，可以说，"算"在中国历史上居于非常重要的地位。

后来珠代替筹，成为珠算。在民间，老百姓过日子，柴米油盐酱醋茶，离不开算计。如果做个小买卖，要算账、记账，珠算更是大有用场。

所以说，一个算盘，就能从古籍中找到这么多故事，就能发现，这么多领域与算盘、与计算有联系。我们今天脱口而出的"算计",就是延续了几千年的文化啊。我们无时无刻不是沉浸在传统文化之中,若总是不自知,终归是有些数典忘祖吧。

从这个意义上说,把老祖宗留下的这些家底(指传世古籍)保存下来,传播开来,是每一代中国人分内之事。不能让传统文化在我们这一代断了,不能让传统文化在我们这一代被曲解了。

2023年底,我在山东济宁医学院做了一次题为"从新闻视角看古籍传播"的公益讲座。讲座之后,一位学临床的学生跟我聊,他说的一件事,让我很受启发。

他说:现在很多医院都在提倡叙事医学,鼓励医护人员写平行病历,书写医患交流的细节、行医的感悟等。很多人不理解,觉得这舶来品不适合中国国情。但看了古代的医案之后就会发现,传统中医的医案医话也是医生记录的诊疗过程和反思,以及对患者的生平经历、人际关系及情感状态的描述。

换言之,叙事医学虽然是西方学者总结出来的理论,但是在中国古代,实际上一直在践行这种理念,而且历史相当久远,资料保存得很多。

从这里就能看出,不管哪行哪业,我们今天讲文化自信,势必要从了解文化、阅读古籍入手。这倒不是要和西方文化做意气之争,而是帮助我们客观理性地看到中国文化的独特性,以及在很多问题上做出的解读、做法、经验,对全世界的交流互鉴,都是有很大的促进作用的。

在面对人类共同的问题时,共识很重要,共识很难得,共识很珍贵。达成共识的一个基础,是对人类共同文化财产的传承和活化。读了古籍,不是说就能一下子找到当前社会矛盾、国际问题的解决方案,而是通过传统智慧的流动,为解决问题提供一个和谐的环境、一种包容的氛围。在一所嘈杂的房子里,人很难静下心解决问题。如果每个人发言前,脑子里首先想的是"和为贵",相信很多极端的话,就不会说出口了。

人类命运共同体与中国传统文化中的"大同世界"一脉相承。这是大道理,大道理下面管着无数小道理。很多有识之士已经看到,激活本国的传统文化,对于整个世界,对于全球化,是有极大促进作用的。要想把不同文化凝聚在一起,构成一个共同体,不了解自身怎么行?不了解其他文化怎么行?让各国优秀传统文化流动起来,不断碰撞,互相借鉴,这样才能熔铸成一个大同世界。

从这个意义上说,古籍的传承和活化,实在是构建人类命运共同体的一项基础性工作。

后记

独行快，众行远。

随着社会阅历的增多，越来越清楚自己的能力边界在哪儿，越来越能理解这句话。单凭一己之力闯出一片天地，既不现实，也不经济。以前看一些颁奖典礼，获奖者发表感言时，往往要说一大堆感谢的话，感谢这位，感谢那位。小时候不理解，觉得没意思，没有干货。现在看，这是实事求是。一个人想干点儿什么事，能干成什么事，不可能唱独角戏。即便真是舞台上的独角戏，幕后还有一大堆工作人员呢。就拿这本书来说，它能出现在读者面前，不知多少人为之付出智力、心力和精力。感谢不周，敬请谅解。

感谢人民日报出版社的领导和编辑老师们，一直认可、鼓励、支持我的古籍传播写作。毕春月、刘思捷两位老师为这系列书出谋划策，在写作、装帧、推广等很多方面想了很多好主意，做了好多工作。我们志同道合，相处甚欢。

感谢人民日报海外版的领导以及人民日报海外版学中文版的主编赵晓霞老师。本书的内容很多是来自我在学中文版上开设的专栏的文章。这个专栏先是叫"古书今读"，后来改名为"子曰诗云"，目前定名为"古籍今读"。晓霞老师专注业务，一心打磨，令人感佩。还要感谢我的同事郑娜老师，解读、介绍古籍的点子，最早源于她。

感谢我的导师高路明老师。这系列书是我对专业知识的通俗性讲解和趣味化应用。到北京大学学习古典文献学,我是半路出家,根基不牢。高老师对我耐心辅导。她从来不批评我,只是鼓励我、肯定我,关心我的生活,帮我积累专业知识,培养研究能力。

感谢那些使我受教颇深的中文系老师——田建民、薛克缪、李金善、焦茂林、韩成武、杨海峥、李零、安平秋、孙钦善、漆永祥、曹亦冰……从他们身上,我学到了很多做学问和做人的道理。本书中的大量知识都是他们教给我的。

感谢那些关注我这两本小书的朋友、同事、网友。他们或者鼓励和赞赏,或者指出书中的瑕疵和问题,或者提出修改的建议,使我和我的书得以不断完善和提高。

感谢我的父母,他们抚育我成人,在人生各个环节上给我不可缺少的指导。感谢我的爱人王山山和两个儿子正心、正帆,他们为我的专心工作提供了温馨的家庭环境、富足的精神家园、平静的心灵港湾。

感谢所有。

图书在版编目(CIP)数据

古籍原来这么好看.2/熊建著.--北京：人民日报出版社，2025.3.--ISBN 978-7-5115-8678-0

Ⅰ.G256.1

中国国家版本馆CIP数据核字第2025EG5377号

书　　名：	古籍原来这么好看2
	GUJI YUANLAI ZHEME HAOKAN 2
作　　者：	熊　建
出 版 人：	刘华新
责任编辑：	毕春月　刘思捷
装帧设计：	金　刚
手　　绘：	夏可馨
出版发行：	人民日报出版社
社　　址：	北京金台西路2号
邮政编码：	100733
发行热线：	（010）65369509　65369527　65369846　65363528
邮购热线：	（010）65363531　65363527
编辑热线：	（010）65369521
网　　址：	www.peopledailypress.com
经　　销：	新华书店
印　　刷：	北京盛通印刷股份有限公司
法律顾问：	北京科宇律师事务所　（010）83622312
开　　本：	880mm×1230mm　1/32
字　　数：	172千字
印　　张：	8.75
版次印次：	2025年3月第1版　2025年3月第1次印刷
书　　号：	ISBN 978-7-5115-8678-0
定　　价：	58.00元

如有印装质量问题，请与本社调换，电话：（010）65369463